황제 철학과 식당의 하루

저를 낳아주시고 항상 큰 가르침으로
이끌어 주셨던 고인이 되신
아버지 김용기님과
불심으로 항상 기도하시는
어머니 안영선님께 이 책을 바칩니다.

황제 철학과 식당의 하루

김주성 지음

이음과펼침

프롤로그

불 앞에 서 있으면 생각이 맑아집니다. 채소를 썰다 보면 쓸데없는 생각은 저절로 떨어져 나갑니다. 압력솥에서 칙-칙- 소리가 울리는 순간, 삶도 그렇게 지어진다는 사실을 알게 됩니다.

주방이라는 뜨거운 공간, 맛으로 승부하는 세계, 말이 아니라 맛으로 증명해야 하는 자리에서 낮에는 냄비를 잡고, 밤에는 고전과 철학을 탐독했습니다.

고전을 읽으며 자신을 다잡았고, 철학 속에서 장사의 길을 배웠습니다. 첫 번째 책에서 저는 동양의 고전과 식당의 일상을 연결했고 이제 두 번째 이야기로 마르쿠스 아우렐리우스의 『명상록』을 펼쳤습니다.

황제의 기록이 어떻게 식당의 하루와 연결되는가. 처음에는 저도 의문이었습니다만 『명상록』을 읽으며 연결점을 찾을 수 있었습니다.

위대한 로마 황제 마르쿠스 아우렐리우스가 평생 싸운 것은 외부의 적이 아니라 자신의 마음이었습니다. 분노를 다스리고, 욕망을 절제하고, 불안을 관찰하고, 죽음을 받아들이는 그 훈련의 기록은 제국을 다스리는 일만큼이나 한 식당의 하루를 다스리는 일과 닮아있었습니다.

식당은 인간의 모든 감정이 꾸밈없이 드러나는 공간입니다. 기대, 실망, 비교, 인정, 경쟁, 피로, 감사 등 하루에도 수십 번 마음은 요동칩니다.

그때마다 철학은 선택이 됩니다. 화를 낼 것인가, 다스릴 것인가. 타인의 평가에 흔들릴 것인가, 내 양심을 따를 것인가. 미래를 걱정할 것인가, 지금 한 그릇에 집중할 것인가. 철학은 책 속에 머물면 지식입니다. 그러나 주방에서, 홀에서, 하루의 일상에서 살아낼 때 그것은 지혜가 됩니다.

이 책은 철학 이론을 말하려는 시도가 아닙니다. 10년 동안 불 앞에서 배운 철학, 손님을 통해 연습한 절제, 실패 속에서 다진 인내를 정직하게 풀어내려는 기록입니다. 황제가 천막 속에서 자신을 돌아보았듯, 저는 가게 문을 닫은 뒤 하루를 돌아보며 이 글을 썼습니다.

삶은 늘 불확실하고, 장사는 늘 변수가 많습니다. 그러나 그 속에서도 흔들리지 않는 기준이 있다면, 우리는 어떤 자리에서도 당당하고 무너지지 않을 수 있습니다.

당신의 하루는 어떤 철학을 가지고 있는가.

당신은 무엇을 붙잡고 삶을 살아가는가.

주방의 불은 매일 꺼졌다가 다시 켜집니다. 우리의 삶도 그렇습니다. 넘어졌다가 다시 일어나고, 흔들렸다가 다시 중심을 찾습니다. 그 반복 속에서 마음을 다스리는 법을 배우는 것, 그것이 이 책이 말하고 싶은 전부입니다.

이제 맛있는 한 그릇의 음식처럼, 한 문장의 기록처럼 맑은 철학의 길을 걸어 보시기 바랍니다.

감사합니다.

목차

2부 흔들림 속에서 세우는 중심

3부 삶의 기준을 내 안에 두다

1부

감정의 주도권을 되찾다

사건에 대한 판단

네가 괴로운 것은 사건 때문이 아니라, 그 사건에 대한 너의 판단 때문이다.

- 『명상록』 8장 47절 -

아우렐리우스는 황제였습니다. 그러나 그의 삶은 결코 안정적이지 않았습니다. 게르만족과의 전쟁은 길고 지루했으며, 승리보다 패배와 후퇴가 더 잦았습니다.

가까이 있던 장군의 배신, 내부의 정치적 혼란, 국경을 넘나드는 전염병까지, 황제의 권력으로도 통제할 수 없는 사건들이 연이어 벌어졌습니다. 그는 세상을 바로잡으려 애쓸수록 세상은 더 혼란스러워진다는 사실을 몸으로 겪었습니다.

그래서 그는 방향을 바꾸었습니다. 세상을 지배하려 하기보다, 자신의 판단을 지배하는 법을 배우기 시작했습니다. 훗날 『명상록』에 남은 문장들은 그 선택의 기록입니다.

그중에서도 "네가 괴로운 것은 사건 때문이 아니라 그 사건에 대한 너의 판단 때문이다"라는 말은, 제 삶을 정면으로 건드렸습니다.

하루는 점심 피크타임에 한 손님이 음식을 반쯤 남기고 계산대에서 나지막이 말했습니다.

"소문보단 별로네요."

그 말이 그렇게 공격적이지는 않았습니다. 하지만 그 순간 제 마음속에서는 '나를 너무 얕보네', '내 노력을 무시하는데?' 등 불편한 해석들이 튀어나오며 순식간에 감정으로 바뀌었고 그 불편함은 그날 하루를 완전 우울하게 만들었습니다.

신규 주문에도 집중이 되지 않았고 작은 실수들이 이어졌습니다. 그날 귀갓길에도 저는 계속 그 한마디를 곱씹었습니다. 말은 이미 끝나 사라졌는데, 감정은 밤늦도록 저를 붙잡고 있었습니다.

며칠이 지나 겨우 진정이 되어 잊힐 즈음 비슷한 상황이 다시 왔습니다. 이번에는 배달 리뷰였습니다.

"별점과 평이 좋아 주문했는데 생각보다 별로네요."

저는 잠시 멈췄습니다. 반사적으로 떠오르던 해석을 무시하고 다른 가능성을 떠올렸습니다.

'본인 입맛에 맞지 않았을 거야.'

'기대했던 것과 달랐을 거야.'

이렇게 해석을 바꾸자 불쾌함은 있었지만, 감정은 일어나지 않았고, 그날의 주방은 평온했습니다.

사건은 같았지만, 하루의 결말은 달랐습니다. 식당에서는 이런 장면이 반복됩니다. 바쁜 시간에 실수했을 때 어떻게 해석하느냐에 따라 분위기는 완전히 달라집니다.

저는 실수를 '태도의 문제'로 해석했습니다. 그러면 감정은 즉시 화를 돋우며 날카로운 말들을 뱉어냈습니다. 그 결과는 늘 같았습니다. 직원은 위축되었고, 실수는 반복되었습니다.

저는 해석을 바꿔보았습니다. 누구든 저지르는 실수를 그 사람의 문제가 아닌 '시스템의 허점'으로 보기로 한 것입니다. 불안정한 시스템으로 인해 실수가 생기는 것이라고 인식하는 그 순간 감정은 분노에서 점검으로 이동했고, 대화는 질책이 아니라 개선이 되었습니다.

무엇이 헷갈렸는지, 어느 지점에서 선택이 달라졌는지를 짚어보고 점검하자 실수가 점점 줄어들었습니다. 사람을 바꾸는 것이 아니라, 해석을 바꾼 결과였습니다.

홀과 주방 사이의 긴장도 마찬가지였습니다. 주문이 밀릴 때 홀에서 "손님이 몹시 화나 있습니다"라는 말이 전해지면, 예전의 저는 즉시 방어적으로 반응했습니다.

'우리가 일부러 늦는 것도 아니고 주문이 밀린 건데 왜 저러지?'라는 해석이 먼저 떠올랐습니다. 이 해석은 곧 짜증으로 이어졌고, 주방의 분위기는 거칠어졌습니다.

그러나 저는 그 말을 이렇게 다시 해석하기 시작했습니다.

'지금 내 탓을 하는 게 아니라 현재 홀 상황을 알리려는 거야.'

이렇게 해석을 바꾸니, 감정은 가라앉고 대응은 민첩해졌습니다. 홀과 주방은 더 이상 서로를 탓하지 않고 유기적으로 움직이기 시작했습니다.

식당에서 가장 자주 마음을 흔드는 것은 리뷰입니다. 별점 한 개, 짧은 문장 하나가 하루의 기분을 좌우합니다. 좋은 평은 나를 증명해 주는 것처럼 느껴졌고, 나쁜 평은 내 존재를 부정하는 것처럼 다가왔습니다. 이때 저는 감정의 주도권을 완전히 외부에 넘기고 있었습니다.

어느 날, 한 리뷰를 보며 스스로에게 물었습니다.

'이 리뷰를 나는 왜 불편하게 받아들이는가.'

질문의 방향을 감정이 아니라 해석으로 옮기자, 답이 보이기 시작했습니다. 나는 이 리뷰를 '판결'로 해석하고 있었던 것입니다. 그 인식을 바꾸자, 감정은 힘을 잃었습니다. 리뷰는 소중한 참고 자료가 되었고, 개선할 부분과 유지할 부분을 구분할 수 있게 되었습니다.

실패에 대한 해석도 식당에서는 매우 중요합니다. 영업이 안 되던 날, 예전의 저는 '능력의 한계'로 해석했습니다. 그러면 감정은 좌절로 변했고, 다음 날을 준비할 에너지마저 소진했습니다. 저는 해석을 이렇게 바꿨습니다.

'오늘의 데이터는 다음 선택을 위한 자료이다.'

이 해석은 긍정적 감정을 움직이게 했고 행동은 점검과 수정으로 이어졌습니다. 실패는 여전히 실패였지만 더 이상 패배는 아니었습니다.

이런 경험들을 거치며 저는 감정을 없애려 애쓰지 않게 되었습니다. 대신 감정의 근원을 살피는 데 시간을 쓰기로 했습니다. 왜 지금 화가 나는지, 왜 그 말이 유독 걸리는지 그 이유를 감정이 아니라 해석의 관점에서 바라봅니다. 그러면 감정은 그 근거를 잃고 스스로 사라져 버립니다.

식당에서는 감정을 피할 수 없습니다. 사람을 상대하고, 즉각적인 반응이 오가며, 즉석에서 결과가 드러납니다. 그러므로 감정을 다스리는 기술은 무척 중요합니다. 그리고 그 기술의 핵심은 감정을 억누르는 것이 아니라 감정을 잘 해석하는 데 있습니다.

이제 저는 주방에서 감정이 올라오는 순간이 오면 이렇게 묻습니다. '지금 나는 이 상황을 어떻게 해석하고 있는가.' 감정에 끌려다니지 않고 감정을 이해하는 순간, 저는 이미 감정을 다스리는 위치에 서 있습니다.

이 과정에서 저는 아우렐리우스의 삶을 자주 떠올렸습니다. 황제조차 전쟁과 배신을 막을 순 없었지만, 그는 그 속에서 자신을 무너뜨리지 않았습니다. 외부를 통제하려는 시도를 내려놓고, 판단의 질서를 세우는 쪽을 선택했기 때문입니다.

식당이라는 세계 역시 다르지 않습니다. 손님, 직원, 시장, 날씨까지 외부 변수는 끝이 없습니다. 이 모든 것을 통제하려 하면 마음은 금세 소진됩니다. 그러나 해석을 선택하는 권한만큼은 언제나 제 손에 있었습니다.

해석이 바뀌면 감정이 달라지고, 감정이 달라지면 행동이 달라집니다. 이 단순한 연결고리는 수많은 날을 지나며 제 삶의 중심이 되었습니다. 현실은 우연한 사건들의 집합처럼 보이지만, 그 위에 쌓이는 삶의 모양은 판단의 연속 위에 세워집니다. 그래서 내 판단을 다스리는 일은 단순한 마음 관리가 아니라, 삶 전체를 지배하는 근본적인 힘입니다.

식당에서 저는 더 이상 감정을 없애려 애쓰지 않습니다. 대신 감정의 뿌리를 묻습니다. 나는 지금 이 상황을 어떻게 해석하고 있는가. 이 질문을 던지는 순간, 감정은 더 이상 저를 끌고 가지 못합니다. 감정을 이해하는 자리에 서는 순간, 저는 이미 감정을 다스리고 있기 때문입니다.

아우렐리우스가 말한 자유는 원하는 것을 모두 가지는 자유가 아니었습니다. 흔들리지 않을 자유, 외부의 혼란 속에서도 자신의 중심을 잃지 않는 자유였습니다.

제가 식당에서 조금씩 배우게 된 자유 역시 그와 닮아있습니다. 내가 판단의 주인이 될 때, 세상은 더 이상 나를 함부로 흔들 수 없습니다. 그 지점에서 비로소 저는, 하루의 끝에 조용한 평온을 가질 수 있게 되었습니다.

구방심(求放心)

자신의 의지로 스스로를 움직이고 제지하라.

-『명상록』 9장 12절 -

마르쿠스 아우렐리우스가 말한 전투는 칼과 창의 싸움이 아니라 하루에도 수십 번씩 흔들리는 마음을 다시 제자리로 돌려놓는 고독한 싸움이었습니다.

식당은 겉으로 보기에 음식의 세계처럼 보이지만 실제로는 마음과 인격이 가장 먼저 평가되는 장소입니다. 같은 재료와 같은 레시피로 음식을 만들어도 가게마다 맛과 느낌이 다른 이유는 그 공간을 이끄는 사람의 마음 상태나 태도가 다르기 때문입니다.

점심 피크가 시작되고 주문이 한꺼번에 몰릴 때, 갑자기 단체 손님들이 예약 없이 들이닥칠 때, 배달 주문과 홀 주문이 동시에 쏟아질 때 마음이 요동칩니다.

"뭐부터 해야 할까."

여러 생각이 스치듯 올라옵니다. 하지만 그 생각들은 조리 시간을 줄이지도, 손님의 기다림을 짧게 만들지도 못합니다. 마음이 그 생각들에 점령되는 순간, 이미 전투는 외부가 아니라 내부에서 기울어지기 시작합니다.

아우렐리우스가 말한 가장 무서운 적은 바로 이 지점입니다. 분노와 불안, 조급함이 마음의 운전대를 잡는 순간 판단은 흐려지고 말은 거칠어지며 손은 급해집니다. 그때부터 실수는 늘고 팀의 호흡은 깨집니다.

스토아 철학에서 마음을 지킨다는 것은 감정을 없애는 일이 아닙니다. 화도 나고 불안도 느끼지만 중요한 것은 그 감정에 내가 끌려가지 않는 것입니다.

감정은 일어날 수 있지만 그 결정권은 넘기지 않는 태도, 그것이 "자신의 의지로 스스로를 움직이고 제지하라"는 말의 의미입니다.

마음을 제지하지 못하면 그날의 매출보다 더 큰 손실이 일어납니다. 팀 안에 남는 미묘한 신뢰의 균열은 시간이 지날수록 분명한 차이를 만듭니다.

식당에서 마음이 가장 크게 흔들리는 순간은 대개 손님의 부정적 반응과 대면할 때입니다.

"왜 이렇게 늦는 거야?"

"이게 뭐가 맛있다는 거지?"

"다신 안 온다."

이런 말은 짧지만 강하게 꽂힙니다. 성실하게 장사하는 사람일수록 그 말은 더 깊이 오래 남습니다. 그러나 아우렐리우스는 이미 오래전에 답을 남겼습니다. 누군가의 말이 나를 흔들더라도, 내가 중심을 붙잡고 있으면 그 말은 나를 지배하지 못합니다. 손님의 말은 사건이고, 그 자체는 중립입니다.

그것을 모욕으로 해석할지, 정보로 받아들일지는 전적으로 자신의 선택입니다. 맛에 대한 불만이 실제로 개선이 필요한 신호인지, 단순한 취향 차이인지, 아니면 그날의 감정에 따라 그냥 흘러나온 것인지를 구분할 수 있을 때 손님의 말에 끌려다니지 않을 수 있습니다.

분노를 다루는 능력은 식당에선 운영 능력이 됩니다. 분노의 말투와 표정은 고스란히 가게의 공기로 퍼집니다. 손님은 본능적으로 그 공기의 흐름을 정확히 느낍니다. 스토아 철학은 분노를 억누르라고 하지 않습니다.

대신 반응을 늦추라고 말합니다. 즉시 쏟아내지 말고 한 박자 늦춰서 먼저 해결에 집중하고 그 뒤 원인을 함께 살피는 태도가 팀워크를 지키고 에너지 소모를 막습니다. 오늘 이기는 말보다 내일도 함께 일할 수 있는 관계를 지키는 것이 결국 옳은 선택이 됩니다.

환경이 어려울 때 마음을 지키는 일은 더욱 중요합니다. 비 오는 날 손님이 줄고, 재료가 남고, 매출이 흔들릴 때 많은 사람은 날씨와 경기를 원망합니다. 그러나 아우렐리우스는 환경이 혼란스러워도 마음이 흔들리지 않으면 여전히 자유롭다고 말합니다.

비 오는 날, 어떤 가게는 레시피를 정리하고 동선을 점검하며 그 시간을 미래의 준비 시간으로 쓰고, 어떤 가게는 자책과 한숨의 시간으로 씁니다.

차이는 재능보다 태도에서 갈립니다. 마음을 지킨다는 것은 현실을 미화시키는 일이 아니라, 주어진 상황을 쓸모 있는 방향으로 해석하는 힘입니다.

식당의 전투는 하루로 끝나지 않습니다. 그래서 마음을 지키는 싸움 역시 단발성 결심으로는 부족합니다. 매일 훈련해야 합니다. 문을 열기 전 스스로에게 던지는 질문 하나가 하루를 바꿉니다.

"오늘 나는 어떤 사람으로 남을 것인가."

이 질문은 말투를 바꾸고, 표정을 바꾸고, 판단의 기준을 세웁니다. 손님은 그 변화를 느끼고 정확하게 알아봅니다.

오래 가는 사람은 반드시 요리를 가장 잘하는 사람도, 마케팅을 가장 잘하는 사람도 아닙니다. 마음을 가장 잘 지키는 사람입니다.

유행이 바뀌고 매출이 흔들려도, 사람에게 상처받아도 중심으로 돌아올 줄 아는 사람만이 경험을 자산으로 바꿀 수 있습니다. 마음을 잃는 순간 경험은 상처로 남고, 마음을 지키는 순간 경험은 내공이 됩니다.

"마음을 지키는 것이 가장 큰 전투다."

이 문장은 냉정한 현실 진단입니다. 식당에서 진짜 전투는 경쟁 가게가 아니라, 오늘 흔들리는 나 자신과의 싸움입니다. 그리고 이 싸움에서 이긴 사람만이 힘찬 내일을 맞이할 수 있는 사람입니다.

화를 다스리는 자

남의 잘못에 분노하기보다, 그 사람을 이해하려 노력하라.

- 『명상록』 11권 18절 -

이 말은 단순한 도덕적 권고가 아니라 권력을 가진 자가 스스로를 지키기 위해 선택한 통치술에 가깝습니다. 전쟁 중 장수들의 실수와 불순종을 겪으며 기록되었다고 전해지는 이 문장은 즉각적인 처분이 가능했던 황제가 오히려 자제와 이해를 택했음을 보여줍니다.

그는 분노를 그대로 행동으로 옮기는 것이 가장 빠르면서도 가장 파괴적인 선택임을 누구보다 잘 알고 있었습니다.

식당에서도 같은 실수를 되풀이할 때, 주문이 누락되었을 때, 손님 응대가 매끄럽지 못했을 때 분노가 가장 먼저 올라옵니다.

“몇 번을 말했는데 왜 또 이래.”

“이 정도도 안 되면 어떻게 하라는 거야?”

이런 말들을 입 밖으로 쉽게 내면 그 순간 사장은 문제를 해결하는 사람이 아니라 감정을 쏟아내는 사람이 됩니다. 분노가 빠르면 그 속도만큼 깊은 균열이 생깁니다. 직원은 위축되고, 실수는 더 늘며, 팀의 공기는 흐트러집니다.

아우렐리우스가 말한 것처럼 분노는 상대를 제압하기 전에 먼저 나 자신을 무너뜨립니다. 그는 분노를 단순한 감정으로 보지 않았습니다.

분노는 통제할 수 없는 본능이 아니라 의지의 영역에 놓인 선택지라고 보았습니다. 화를 낼 수 있지만 내지 않기로 선택할 수 있고, 즉각 처벌할 수 있지만 잠시 멈추기로 선택할 수 있다는 인식입니다.

이 관점은 식당에서 특히 중요합니다. 가게 안에서 사장의 말과 표정은 곧 기준이 됩니다. 분노를 쉽게 드러내는 순간, 그 가게는 ‘화가 용인되는 공간’이 됩니다. 반대로 분노를 다스리는 모습을 반복해서 보여주면 ‘침착함이 기본인 공간’이 됩니다.

직원의 실수를 예로 들어 보겠습니다. 조리 과정에서 레시피를 잘못 적용해 음식이 늦게 나가거나 맛이 틀어졌다고 가정해 보겠습니다. 분노의 반응은 즉각적입니다.

"왜 지시대로 안 하죠?"

"집중 좀 하세요. 집중!"

이런 말은 잠깐의 감정적 해소엔 도움을 줄 수 있지만 문제의 원인은 해결하지 못합니다. 반대로 이해하려는 태도는 질문에서 시작됩니다.

"어느 부분이 헷갈리나요?"

"이 과정에서 어떤 점이 어려운가요?"

이 질문은 상대를 변명하게 만들기 위한 것이 아니라 구조를 드러내기 위한 방식입니다. 이해는 봐 주겠다는 뜻이 아닙니다. 원인을 정확히 파악하겠다는 의지입니다.

원인을 알게 되면 분노는 줄어들고 대신 개선이 시작됩니다. 체크리스트를 만들고, 설명 방식을 바꾸고, 동선을 조정합니다. 이 순간 사장은 감정을 터뜨리는 사람이 아니라 시스템을 만들고 조정하는 사람이 됩니다.

손님과의 관계에서도 마찬가지입니다. 무례한 말, 과도한 요구, 이해하기 어려운 불만은 언제든지 발생합니다. 이때 분노로 맞서면 상황은 걷잡을 수 없이 나빠집니다.

언성이 높아지고, 주변 손님들의 시선이 쏠리고, 결국 가게 전체의 분위기를 망칩니다.

그러나 아우렐리우스가 말한 '이해하려는 태도'를 적용하면 장면은 달라집니다. 상대의 말 뒤에 있는 감정을 먼저 봅니다. 배고픔, 기다림에 대한 불안, 혹은 그날의 개인적인 스트레스. 이것을 이해한다고 해서 모든 요구를 들어줄 필요는 없습니다.

다만 "왜 저렇게 말하는 거지?"를 이해하려는 순간, 분노는 자연스럽게 힘을 잃습니다. 마음속에서 상대를 '적'이 아니라 '상황에 어쩔 수 없는 사람'으로 보기 때문입니다. 이 전환이 이루어지면 사장의 말투는 부드러워지고 상황은 통제 가능해집니다.

아우렐리우스는 황제였기에 분노를 드러내는 것이 오히려 쉬운 위치에 있었습니다. 그러나 그는 분노를 터뜨리는 대신 다스림으로써 권력을 유지했습니다. 이것은 약자의 인내가 아니라 강자의 절제였습니다.

식당에서도 마찬가지입니다. 사장은 화를 낼 수 있는 위치에 있습니다. 권한도 있고 결정권도 있습니다. 하지만 그 힘을 즉각적으로 사용하는 사람보다, 참고 관찰하고 정리하는 사람이 결국 더 강한 운영자가 됩니다.

화를 억누른다는 것은 감정을 숨기는 게 아닙니다. 감정을 느껴도 그 감정에 끌려가지 않을 만큼 마음의 근육을 기르는 일입니다.

이해하려는 태도가 반복되면 마음에는 변화가 생깁니다. 상대의 무지나 한계를 보았을 때 분노가 치밀기보다는 "아직 여기까지 오지 못했구나"라는 인식이 먼저 떠오릅니다. 그 순간 분노는 서서히 연민으로 바뀝니다.

연민은 상대를 낮춰 보는 감정이 아니라 상황을 넓게 보는 시야입니다. 이 시야를 가진 사람은 작은 실수에 흔들리지 않고 전체를 관리할 수 있습니다. 식당은 단거리 경주가 아니라 장거리 경주이기에 이 시야의 차이는 결국 생존의 차이로 이어집니다.

진정한 강자는 싸움에서 이기는 사람이 아닙니다. 자기 안에서 치솟는 불을 스스로 통제할 줄 아는 사람입니다. 아우렐리우스가 말한 강함은 근육이나 권력에서 나오는 것이 아니라 매 순간 자신을 관찰하고, 반응을 선택하며, 마음을 훈련한 결과입니다.

식당에서 이 철학은 매우 현실적인 생존 기술입니다. 분노에 휘둘리지 않는 사장은 오래갑니다. 이해를 선택한 사장은 좋은 팀을 이끕니다. 그리고 그런 가게만이 무너지지 않습니다.

"남의 잘못에 분노하기보다 그 사람을 이해하려 노력하라."

화를 내지 말고 화를 다스려라. 식당의 하루는 수많은 작은 분노로 가득합니다. 그때마다 이 문장을 떠올릴 수 있다면 우리는 직원과 대립하지 않아도 되며, 손님과 싸우지 않아도 되고 무엇보다 자기 자신과의 불필요한 소모전을 줄일 수 있습니다.

잡념과 산만함

더는 스스로를 산만하게 하지 마라.

- 『명상록』 2장 2절 -

『명상록』 곳곳에는 세상을 향한 충고보다 오히려 자기 자신을 향한 꾸짖음이 더 많이 등장합니다. 해야 할 일은 분명히 눈앞에 있는데 마음은 이리저리 흔들리고, 생각은 많아지는데 정작 손에 잡히는 것은 아무것도 없는 상태.

아우렐리우스는 그 상태가 인간을 얼마나 쉽게 마모시키는지 잘 알고 있었습니다. 그래서 그는 외부의 방해보다 먼저 자기 안의 산만함을 경계했습니다.

식당의 하루를 떠올려 보면 해야 할 일은 늘 넘쳐납니다. 아침에는 식자재 검수와 전처리 과정이 있고, 점심 장사를 준비하며 동시에 일정을 고민하고, 장사 중에는 홀 손님 응대와 배달 주문들이 겹치며, 머릿속에서는 저녁 장사와 다음 주 메뉴, 다음 달 매출까지 한꺼번에 떠오릅니다.

바쁘게 하루 영업이 끝났는데도 "정작 한 일은 별로 없는 것 같은" 허탈한 느낌이 남을 때도 있습니다. 이 문제는 일이 많아서가 아니라 마음이 동시에 여러 갈래로 나뉘어져 있기 때문입니다.

아우렐리우스는 한 번에 두 길을 걷지 말라고 말합니다. 마음이 나뉘면 의지는 약해지고 노력은 분산됩니다. 식당에서는 이 현상이 아주 분명하게 드러납니다.

주방에서 조리하면서 동시에 리뷰를 떠올리고, 손님 응대를 하면서도 직원의 실수를 곱씹고, 계산하면서 내일의 걱정을 끌어안으면 지금 하는 모든 일이 다 흐트러집니다.

그의 진정한 집중은 더 많은 일을 하려는 욕심에서보다 오히려 덜어내는 데서 시작한다고 보았습니다. 식당에서도 바쁠수록 더 많은 것을 동시에 하려 하지만 실제로는 불필요한 생각 하나만 내려놓아도 일의 질은 눈에 띄게 달라집니다.

점심 피크타임에는 매출 분석도, 인테리어 고민도, 다음 메뉴 구상도 필요 없습니다. 그 시간에 필요한 것은 단 하나,

"지금, 이 주문을 정확하게, 안전하게, 일정한 품질로 내보내는 것"

그 외의 모든 생각은 모두 소음일 뿐입니다.

잡념은 마음을 탁하게 하는 먼지와 같습니다. 하루이틀은 티가 안 나지만 켜켜이 쌓이면 의지의 불빛은 희미해지고 방향을 잃습니다. 식당에서 이 먼지는 대부분 '쓸데없는 걱정'의 형태로 쌓입니다. 아직 일어나지 않은 미래의 매출 걱정, 아직 벌어지지 않은 문제, 아직 확인되지 않은 소문. 이런 생각들은 실제 행동은 만들어내지 못하면서 에너지만 계속 소진합니다.

아우렐리우스가 자신을 향해 "더는 산만하게 하지 말라"라고 말한 이유도 여기에 있습니다. 그는 집중을 방해하는 가장 큰 적은 외부 환경이 아니라 자기 생각의 과잉임을 알고 있었습니다.

마음을 가볍게 털어내면 흐릿하던 길이 선명해집니다. 복잡하게 얽힌 문제처럼 보이던 상황도, "지금 당장 해야 할 것"으로 정리하는 순간 해법이 보이기 시작합니다. 주문이 밀릴 때는 먼저 병목이 되는 공정을 안정시키는 데 집중합니다.

직원 교육이 어렵게 느껴질 때는 모든 것을 한 번에 가르치려 하지 말고 오늘 꼭 필요한 동작만 정확히 교육합니다.

해야 할 일에 시선을 모을 때 에너지는 한곳으로 모입니다. 이때 생기는 힘은 요란하지 않지만 단단합니다. 오래 가는 가게들은 대부분 이 단단한 힘을 가지고 있습니다. 메뉴 수를 무리하게 늘리지 않고, 잘하는 한두 가지를 꾸준히 유지하며, 계절과 상황에 맞게 조금씩 조정합니다.

이것은 게으름이 아니라 철저한 집중의 결과입니다. 아우렐리우스가 말한 집중 역시 이런 성격을 지닙니다. 더 많은 선택지를 붙잡는 것이 아니라 본래의 목적에 충실한 것입니다. 그는 집중을 이렇게 정의하고 있습니다.

집중이란 억지로 몰입하는 상태가 아니라 마음속의 소음을 걷어내고 자신이 왜 이 일을 시작했는지 다시 확인하는 과정입니다.

식당에서 그 목적은 대개 단순합니다. 오늘 이 자리에서 이 손님에게 내가 할 수 있는 최선의 한 그릇을 내는 것, 그 목적에 충실한 순간 복잡하던 머릿속은 정리되고 몸의 움직임은 자연스러워집니다. 불필요한 생각을 덜어낸 자리에는 집중이 생겨납니다.

아우렐리우스가 자신을 다그쳤던 이유는 그 역시 산만함 앞에서 흔들리는 인간이었기 때문입니다. 황제도 예외가 아니었듯 식당에 종사하는 우리 역시 흔들립니다. 중요한 것은 흔들리지 않는 것이 아니라, 흔들릴 때마다 다시 중심으로 되돌아오는 법을 아는 것입니다.

한 번에 두 길을 가지 않는 것, 지금 할 일 하나에 온전히 집중하는 것, 그것이 명상록이 주는 가장 실용적인 가르침입니다. 이것이 아우렐리우스가 말한 집중의 본질이며 오늘도 주방과 홀에서 그대로 적용될 수 있는 철학입니다.

충만한 기쁨

행복은 외부의 사물에 달린 것이 아니라,
우리 영혼의 상태에 달려 있다.

-『명상록』6장 41절 -

사람들은 흔히 행복을 밖에서 찾지만 그렇게 얻은 기쁨은 언제나 조건부이며 오래가지 않는다고 말합니다. 새로운 물건을 얻었을 때, 매출이 잘 나왔을 때, 누군가에게 칭찬을 들었을 때 마음이 들뜨고 흥분되지만, 그 조건이 사라지는 순간 평온함 역시 함께 무너집니다. 아우렐리우스는 이 사실을 너무 잘 알았기에 행복의 근거를 외부에 두지 않았습니다.

식당은 이 진리를 더욱 선명하게 보여줍니다. 매출이 잘 나오는 날에는 마음이 가볍고, 손님이 적은 날에는 괜히 자신이 초라하게 느껴집니다. 리뷰가 좋을 때는 스스로 대견하고, 별 한 개짜리 별점에 하루의 기분을 망칩니다.

이처럼 기쁨의 기준을 외부에 두기 시작하면 마음은 늘 불안정해집니다. 왜냐하면 외부의 조건은 내가 통제할 수 없는 영역이기 때문입니다. 날씨는 바뀌고, 상권은 변하고, 사람의 마음은 하루에도 몇 번씩 바뀝니다.

아우렐리우스는 황제로서 많은 외적 조건을 가졌습니다. 권력도, 명예도, 부도 있었습니다. 그러나 그는 그것들이 행복의 근거가 될 수 없다는 사실을 너무 일찍 깨달았습니다. 재물은 잃을 수 있고, 명예는 사라질 수 있으며, 사람의 평가는 순식간에 뒤집힙니다.

식당에서도 이런 일은 늘 일어납니다. 잘되던 가게가 어느 날 갑자기 흔들리고, 평판 좋던 메뉴가 유행의 변화로 외면받기도 합니다. 이런 변화 앞에서 마음이 무너지는 이유는 기쁨의 뿌리를 외부에 두었기 때문입니다.

행복은 외부의 사물에 달린 것이 아니라, 영혼의 상태에 달려 있다고 말합니다. 이 말에 식당을 오래 운영해 본 사람일수록 고개를 끄덕입니다. 같은 하루를 보내도 어떤 날은 유난히 지치고 허무한데, 어떤 날은 매출이 크지 않아도 이상하게 마음이 평온할 때가 있습니다.

차이는 숫자가 아니라 태도에 있습니다. 오늘 내가 만든 한 그릇을 스스로 자부할 수 있는지, 손님에게 진심을 다했는지, 직원들과의 호흡이 잘 맞았는지, 이런 기준으로 하루를 바라볼 수 있을 때 외부의 결과와 상관없이 기쁨을 느낄 수 있습니다.

식당은 외부의 보상이 늘 불완전합니다. 칭찬은 들을 수도 있고 못 들을 수도 있으며, 노력에 비해 결과가 따라오지 않는 날도 꽤 많습니다. 이때 '이 정도면 충분해'라는 생각이 없다면 마음은 쉽게 메말라 버립니다. 아우렐리우스가 말한 기쁨은 바로 여기서 힘을 발휘합니다.

더 많은 것을 얻어서 생기는 기쁨이 아니라 이미 가진 것을 자각하는 데서 자라는 기쁨입니다. 오늘도 가게 문을 열 수 있다는 것, 함께 일하는 사람이 있다는 것, 누군가에게 따뜻한 한 끼를 내줄 수 있다는 것. 이것들을 당연하게 여기지 않고 의식하는 순간 마음에는 충만함이 깃듭니다.

예를 들어 매출이 기대에 못 미친 하루를 생각해 보겠습니다. 외부 기준으로 보면 실패한 하루처럼 보일 수 있습니다. 그러나 그날 주방에서 사고 없이 장사를 마쳤고, 직원과 큰 갈등 없이 하루를 정리했으며, 몇몇 손님이 "잘 먹었습니다"라고 인사를 남겼다면 그 하루는 공허하지 않습니다.

이 사실을 볼 수 있느냐 없느냐의 차이가 곧 마음의 상태를 가릅니다. 기쁨을 외부 결과에만 묶어두면 이런 날은 공허해지지만, 내면의 기준을 가진 사람은 같은 하루에서도 의미를 건져 올립니다.

아우렐리우스가 말한 내면의 기쁨은 감정을 들뜨게 만드는 환희가 아닙니다. 그것은 조용하고 지속적인 안정감에 가깝습니다. 세상의 변덕에 휘둘리지 않고 잘되든 안 되든 자기 자리를 지키는 힘입니다. 식당에서 이 힘은 매우 중요합니다. 장사는 기복이 있는 일입니다. 잘되는 시기와 어려운 시기가 반복됩니다.

이때 외부의 풍요에만 기대고 있으면 하락 구간에서 마음은 쉽게 무너집니다. 반대로 내면이 고요한 사람은 어려운 시기에도 중심을 잃지 않습니다. 그 고요함이 결국 다시 올라갈 힘을 남겨둡니다.

기쁨을 태도의 문제로 바라보기 시작하면 일의 질도 달라집니다. 결과에 대한 조급함이 줄어들고 과정에 대한 집중이 깊어집니다. 손님 한 사람, 음식 한 그릇에 마음을 쓸 여유가 생깁니다. 이런 태도는 아이러니하게도 종종 더 좋은 결과를 만들어냅니다.

그러나 중요한 것은 결과가 아닙니다. 결과가 따라오지 않더라도 마음이 무너지지 않는다는 점입니다. 아우렐리우스가 말한 행복의 조건이 바로 여기에 있습니다.

“기쁨은 외부의 보상이 아니라, 스스로 깨어있는 마음이 만들어낸다.”

이 말은 매일 평가받고 비교당하는 구조 속에 있는 식당 종사자에게 특히 큰 위로가 됩니다. 그러나 기쁨의 주도권을 다시 내 안으로 가져오는 순간, 나는 타인의 평가에서 조금씩 자유로워집니다. 누구도 내 마음의 상태를 대신 결정할 수 없게 됩니다. 그렇기에 이 기쁨은 빼앗길 수 없습니다.

외부의 풍요가 사라져도 마음이 고요하다면 그 사람은 여전히 충만합니다. 가게가 잠시 어려워도 마음의 중심이 서 있다면 다시 일어설 힘은 남아 있습니다. 아우렐리우스가 말한 기쁨은 바로 이런 힘을 길러 줍니다. 식당이라는 긴 시간의 노동 속에서 기쁨은 내면의 자산입니다.

기쁨은 언제나 내 안에 있습니다. 그것을 발견하는 순간 우리는 이미 충분합니다. 그리고 그 충분함을 아는 사람만이 오늘도 흔들리지 않고 가게의 불을 켤 수 있습니다.

허영심의 경고

허영은 영혼의 질병이며, 그것은 영혼을 약하게 만든다.

- 『명상록』 6장 30절 -

마르쿠스 아우렐리우스는 허영을 단순한 성격적 약점이 아니라 영혼을 좀먹는 병에 가깝다고 보았습니다. 겉으로는 빛나고 그럴듯해 보이지만 그 화려함을 유지하려는 순간 사람은 점점 자기 자신에게서 멀어지기 때문입니다. 그는 황제라는 가장 높은 자리에서도 이 위험을 느꼈고 그래서 누구보다 허영을 경계했습니다.

식당에서도 허영은 매우 쉽게 모습을 드러냅니다. 처음 가게를 열었을 때는 손님 한 분 한 분이 소중하고 음식 한 그릇 한 그릇에 마음을 쏟습니다. 그러나 시간이 지나고 주변의 시선이 늘어나면 마음 한편에서 다른 욕구가 고개를 듭니다.

“남들보다 더 잘 돼 보이고 싶다”

“이 정도 근사한 가게는 돼야 하지 않나?”

“사람들이 나를 어떻게 볼까?”

이 생각들이 쌓이기 시작하면 장사의 기준은 서서히 손님과 음식에서 타인의 시선으로 이동합니다.

허영심은 칭찬에 들뜨게 만들고 비난에 과도하게 흔들리게 만듭니다. 댓글 하나에 하루의 기분이 좌우되고, SNS 반응에 따라 스스로 가치를 재단하게 됩니다. 잘 나온 사진에는 안도하고 반응이 없으면 초조해집니다.

이때부터 문제는 단순한 기분의 변화가 아니라 삶의 기준이 나에게서 옮겨간다는 데 있습니다. 아우렐리우스가 말한 것처럼 타인의 눈을 기준으로 삼는 순간 나는 더 이상 내 삶의 주인이 아닙니다.

식당에서는 특히 이 허영의 덫에 빠지기 쉽습니다. 인테리어를 바꾸고, 그릇을 바꾸고, 메뉴의 이름을 더 화려하게 꾸미는 일이 본질보다 앞서기 시작할 때가 있습니다. 물론 외형을 가꾸는 일 자체가 잘못은 아닙니다.

문제는 그 이유입니다. 손님에게 더 편안함을 주기 위해서가 아니라, 남보다 뒤처지지 않기 위해서 혹은 남에게 잘 보이기 위해서라면 그 순간 허영이 가게 운영의 핵심이 됩니다. 그러면 사장은 자신도 모르는 새 점점 피로해집니다. 타인의 시선을 만족시키는 일은 끝이 없기 때문입니다.

아우렐리우스는 허영을 "겉은 빛나도 속은 서서히 무너지는 병"이라고 보았습니다. 겉보기에는 멀쩡해 보이는 가게가 어느 날 갑자기 망하는 경우를 종종 봅니다. 화려한 인테리어, 잦은 노출, 좋은 평판을 유지하고 있었지만 정작 내부는 지치고 시스템은 허술한 상태였던 경우입니다.

허영은 외형을 키우는 데 에너지를 쓰게 만들고 그만큼 본질을 돌보는 힘을 빼앗아 갑니다. 음식의 기본, 사람과의 관계, 사장의 마음 상태 같은 중요한 것들이 후순위로 밀리게 됩니다.

허영심은 타인의 시선을 의식할수록 더 깊어집니다. 잘 보이려는 마음은 잠시 만족을 줄 수 있지만 곧 더 큰 불안을 가져옵니다. 마음은 점점 조급해지고 장사는 즐거움이 아니라 긴장 상태가 됩니다.

아우렐리우스가 경계한 것도 바로 이 지점이었습니다. 화려함 그 자체가 아니라 그 화려함에 자기 자신을 잃어버리는 것이 문제입니다.

식당에서 진짜 강함은 남이 어떻게 보느냐에서 나오지 않습니다. 매출이 조금 흔들려도, 유행이 바뀌어도, 내가 지키고 싶은 기준이 분명한 사람은 쉽게 무너지지 않습니다.

오늘 내가 낸 음식이 부끄럽지 않았는지, 손님에게 정직했는지, 함께 일하는 사람을 함부로 대하지 않았는지, 이런 질문 앞에서 스스로 고개를 끄덕일 수 있다면 외부의 평가가 어떻든 중요하지 않습니다. 이것이 아우렐리우스가 말한 내면의 힘입니다.

직원과의 관계에서도 허영은 문제를 만듭니다. 사장이 늘 체면과 이미지에만 신경 쓰면 현장의 작은 불편과 목소리는 묻히기 쉽습니다.

반대로 허영을 내려놓고 본질에 집중하는 사장은 겉보기에 화려하지 않더라도 직원들에게 신뢰를 쌓습니다. 신뢰는 느리게 쌓이지만 강합니다. 오래가는 가게들의 공통점은 눈에 띄는 멋보다 신뢰가 느껴지는 안정감입니다.

아우렐리우스는 황제였음에도 불구하고 끊임없이 자신에게 묻습니다.

“나는 지금 남에게 보이기 위해 살고 있는가, 아니면 옳다고 믿는 방식으로 살고 있는가.”

남보다 잘 보이기 위한 선택은 당장 박수받을 순 있지만 그 박수에 매료되는 순간 마음은 병들기 시작합니다. 반대로 조용하더라도 자기 기준을 지키는 선택은 처음에는 눈에 잘 띄지 않지만, 시간이 지날수록 영혼을 단단하게 만듭니다.

허영을 버린다는 것은 초라해지는 일이 아닙니다. 오히려 불필요한 긴장을 없애는 일입니다. 더 이상 모든 시선에 반응하지 않아도 되고 모든 평가에 대꾸하지 않아도 됩니다. 그 속에서 비로소 진짜 나의 얼굴이 또렷해집니다. 아우렐리우스가 말한 영혼의 건강은 바로 이런 상태에 가깝습니다.

식당은 사람의 시선과 평가가 끊임없이 오가는 세계입니다. 그렇기에 허영을 경계하지 않으면 마음은 쉽게 소진됩니다. 그러나 타인의 평가가 아니라 스스로 본질에 집중할 수 있다면 장사는 다시 제자리를 찾습니다. 음식은 음식으로, 사람은 사람으로, 나는 나로 돌아옵니다.

"허영심은 영혼을 병들게 한다."

이것은 경고이면서 동시에 해방입니다. 남에게 보이기 위해 애쓰는 삶에서 내려올 때 우리는 비로소 자유로워집니다. 식당에서 이 가르침은 화려함을 포기하라는 말이 아니라 나 자신을 잃지 말라는 말입니다. 그리고 그것을 지켜낸 사람만이 오래도록 자기 자리를 지킬 수 있습니다.

내면의 목소리

네 영혼 속의 신적 본능을 들어라. 그곳에 진리가 살고 있다.

-『명상록』 5장 27절 -

이 문장은 울림으로 마음에 남았습니다. 마르쿠스 아우렐리우스는 세상의 소음을 이기는 방법으로 더 큰 목소리를 권하지 않았습니다. 그는 오히려 세상보다 더 조용한 곳으로 내려가라고 말합니다. 사람들은 흔히 타인의 평가와 시선에 귀를 기울이며 살아갑니다.

그러나 그렇게 외부의 소리에 삶의 방향을 맡기는 순간 우리는 나를 가장 잘 아는 안내자를 잃어버리게 됩니다. 아우렐리우스가 말한 '영혼 속의 신적 본성'이 바로 그 안내자입니다.

식당은 소음으로 가득합니다. 손님들의 말, 직원의 요청, 거래처의 조건, 별점 평가, 주변 가게의 성과, 유행의 변화까지 수많은 목소리가 하루 종일 들려옵니다.

"요즘, 이 메뉴가 잘 나간다더라"

"인기있는 식당이면 이 정도 인테리어는 해야 한다더라"

"사진 찍을 수 있는 메뉴를 만들어야 한다더라."

이런 말들은 분명 참고할 가치가 있지만, 그 소리에만 귀를 기울이기 시작하면 가게는 점점 자기 색을 잃고 갈팡질팡하게 됩니다.

아우렐리우스는 황제였기에 수많은 조언과 보고, 충고에 둘러싸여 살았습니다. 그럼에도 그는 가장 중요한 판단의 기준을 밖에 두지 않았습니다. 그는 스스로에게 묻고 자신의 양심과 이성에 귀를 기울였습니다. 식당에서 이 태도는 결정적인 차이를 만들어냅니다.

예를 들어 새로운 메뉴 도입으로 고민할 때 주변의 말은 서로 다릅니다. 어떤 이는 유행을 따라야 한다고 하고, 어떤 이는 기존 메뉴를 지키라고 말합니다. 이때 외부의 말만 따라가면 선택은 늘 불안합니다. 그러나 내면의 목소리에 귀를 기울이면 질문은 달라집니다.

"이 메뉴가 우리 가게와 잘 맞는가"

"지금의 시스템이 이 메뉴를 감당할 수 있는가."

이 질문에 대한 답은 외부가 아니라 현장을 가장 잘 아는 내 안에서 나옵니다.

내면의 목소리를 따른다는 것은 고집을 부린다는 뜻이 아닙니다. 그것은 모든 외부의 조언을 무시하겠다는 선언도 아닙니다. 오히려 그 반대입니다. 외부의 소리를 충분히 듣고 최종적인 결정권을 다시 내 안으로 가져오는 일입니다.

식당에서 오래 버티는 사람들은 이 균형을 알고 있습니다. 남의 말에 귀를 닫지 않지만 남의 말로만 움직이지도 않습니다. 외부의 반응에 따라 마음의 높낮이가 결정되면 삶은 늘 롤러코스터를 타고 있는 셈입니다.

아우렐리우스는 이 상태를 경계했습니다. 그는 외부의 평가는 언제든 바뀔 수 있지만 내면의 기준은 스스로 지켜야 한다고 보았습니다.

식당의 하루를 떠올려 보면 내면의 목소리가 얼마나 중요한지 더욱 분명해집니다. 바쁜 날에는 판단이 연속적으로 필요합니다.

이 주문을 먼저 처리할지, 저 요청을 어떻게 응대할지, 이 상황에서 무엇을 포기하고 무엇을 지킬지. 이때 머릿속이 외부의 소음으로 가득 차 있으면 판단은 흔들리지만 반대로 내면의 기준이 분명하면 선택은 단순해집니다.

"지금 이 순간 가장 중요한 것은 무엇인가."

이 질문에 답할 수 있는 힘이 바로 내면의 목소리에서 나옵니다.

아우렐리우스가 말한 진리는 화려한 계시가 아닙니다. 그것은 마음속에서 조용히 울리는 미세한 울림에 가깝습니다. 너무 조용해서 가끔은 들리지 않을 만큼 작습니다.

그래서 우리는 자주 그것을 놓칩니다. 그러나 잠시 멈추고 마음을 가라앉히면 그 울림은 다시 느껴집니다. 하루를 마친 뒤 잠깐이라도 하루를 돌아보는 시간을 가지면 좋습니다.

"오늘 나는 어떤 선택들을 했는가"

"그 선택은 내 기준에 부합했는가"

이 시간이 쌓이면 내면의 목소리는 점점 선명해집니다.

내면의 목소리에 귀 기울이는 사람은 쉽게 흔들리지 않습니다. 자기 기준이 분명하기 때문입니다. 이 기준은 고정된 답이 아니라 방향입니다.

오늘의 선택이 완벽하지 않더라도 방향이 맞다면 다음 선택에서 수정할 수 있습니다.

식당업에서 이 유연함은 큰 자산입니다. 외부의 소리에만 의존하는 가게는 방향 전환이 잦고 피로하지만, 내면의 기준을 가진 가게는 변화 속에서도 중심을 유지합니다.

아우렐리우스가 말한 '신적 본성'은 종교적 개념이기보다 인간에게 내재된 이성과 양심을 가리킵니다. 무엇이 옳은지, 무엇이 과한지, 어디까지가 나에게 맞는지 아는 감각. 식당을 오래 하다 보면 이 감각은 더욱 날카로워집니다.

무리한 확장을 앞두고 잠이 오지 않거나, 본질과 어긋난 선택을 할 때 마음이 불편해집니다. 이것이 바로 내면의 목소리입니다. 이 신호를 무시하지 않을 때 우리는 큰 실수를 피할 수 있습니다.

진정한 길잡이는 마음속에서 조용히 울리는 이 미세한 울림입니다. 식당이라는 긴 여정 속에서, 이 길잡이는 특히 중요합니다. 내 가게의 현실과 나의 삶을 가장 잘 아는 존재는 결국 나 자신이기 때문입니다.

"내면의 목소리를 따르라."

이 말은 혼자 결정하라는 말이 아니라, 자기 자신을 배제하지 말라는 말입니다. 남의 기대와 평가를 모두 내려놓으라는 뜻도 아닙니다. 다만 그 모든 소리를 지나 마지막에 남는 질문을 스스로에게 던지라는 권유입니다.

"이 선택은 나를 더 나답게 만드는가."

이 질문에 고개를 끄덕일 수 있다면 설령 조금 느려 보여도 마음은 자유롭습니다.

아우렐리우스는 이 자유를 황제의 권좌보다 소중히 여겼습니다. 식당을 하는 우리에게도 이 자유는 중요합니다. 매출과 유행, 평가 속에서도 자신을 잃지 않는 힘. 그 힘은 언제나 내 안에 있습니다. 그 목소리에 귀 기울이는 순간, 삶의 방향은 다시 분명해지고 마음은 단단해집니다. 이것이 명상록이 오늘의 주방과 홀에서도 여전히 살아 있는 이유입니다.

자기 성찰

모든 일을 이성의 훈련으로 삼아 자기 안으로 소화하라.

- 『명상록』 10장 31절 -

전쟁터의 막사에서 하루를 마친 밤, 마르쿠스 아우렐리우스는 반드시 자신을 돌아보는 시간을 가졌다고 전해집니다. 수많은 보고와 명령, 전장의 소음이 잦아든 뒤에 그는 홀로 남아 마음을 정리했습니다. 황제라 해도 실수를 피할 수 없고 권력의 달콤함에 취하면 인간은 순식간에 흐려질 수 있다는 사실을 누구보다 잘 알고 있었기 때문입니다.

그래서 그는 그날의 일을 기록으로 남기며 스스로에게 묻습니다. 오늘 나는 이성적으로 살았는가, 감정에 끌려 판단을 흐리지 않았는가. 이 기록들이 모여 『명상록』이 되었고, 그것은 거대한 제국을 다스리던 황제의 고독한 성찰의 흔적이기도 합니다.

식당의 하루 역시 전쟁터와 크게 다르지 않습니다. 아침 준비부터 점심 피크, 예기치 못한 변수, 사람과 사람 사이의 마찰, 그리고 마감 후 찾아오는 고요. 이 모든 시간을 통과하고 나면 몸은 지치고 마음은 흐트러집니다. 이때 대부분의 사람은 소파에 몸을 던지거나 휴대폰을 들여다보며 하루를 흘려보냅니다.

그러나 아우렐리우스가 말한 성찰은 바로 이 지점에서 시작됩니다. 하루를 그냥 끝내지 않고 모든 일을 이성의 훈련으로 삼아 자기 안으로 소화하는 시간을 갖는 것. 그 시간은 길 필요가 없지만, 꼭 필요합니다.

성찰은 영혼의 거울입니다. 예를 들어 사소한 실수로 사장의 말투가 날카로워졌다고 합시다. 그 순간은 이미 지나갔지만, 그 말이 남긴 흔적은 직원의 마음에 남아 있을 수 있습니다. 성찰의 시간은 그 흔적을 다시 비춰보게 합니다.

“그때 나는 왜 그렇게 급하게 행동했는가.”

이 질문은 자책을 위한 것이 아니라 다음번에 다른 선택을 가능하게 하는 준비입니다. 성찰은 미래를 여는 훈련입니다.

아우렐리우스는 성찰 없는 삶을 방치된 정원에 비유했습니다. 잡초는 하루아침에 자라지는 않지만 돌보지 않는 순간 어느새 정원을 뒤덮어 버립니다.

식당에서도 마찬가지입니다. 작은 불만을 대충 넘기고, 사소한 타협을 반복하고, 오늘의 피로를 이유로 기준을 조금씩 낮추면 어느새 가게의 분위기와 나 자신의 태도는 처음과 확연히 달라져 있습니다.

성찰은 잡초를 뽑는 작업입니다. 눈에 띄지 않을 때 미리 손을 써야 나중에 큰 힘을 들이지 않게 됩니다. 그는 매일 스스로에게 물었다고 합니다.

"오늘 나는 올바르게 살았는가."

이것은 도덕 시험도 완벽을 묻는 말도 아닙니다. 다만 깨어 있는 의식으로 살았는지 묻는 말입니다. 식당이라면 이 질문은 이렇게 바뀔 수 있습니다.

"오늘 나는 감정이 아니라 기준으로 판단했는가."

"오늘 나는 직원을 수단이 아니라 인간으로 대했는가."

"오늘 나는 가게의 본질을 지켰는가."

이 질문들 앞에서 당당하고 정직할 수 있다면 그날 하루가 다소 서툴렀더라도 다음 날은 달라질 수 있습니다.

성찰은 단순한 자기비판이나 잘못을 찾아내 자신을 몰아붙이는 채찍이 아닙니다. 방향을 바로잡는 등불이어야 합니다. 매출이 낮아 의기소침한 날, 성찰 없는 마음은 자신을 강하게 몰아붙입니다.

"내가 부족하고 무능한 탓이야."

"나는 장사 체질이 아닌가 봐."

그러나 성찰하는 마음은 다릅니다.

"오늘 무엇을 통제할 수 있었고, 무엇을 통제할 수 없었는가."

"통제할 수 있는 것 중 내가 놓친 것은 무엇인가."

이 질문들은 자존감을 떨어뜨리지 않으면서도 실제로 개선할 포인트를 또렷하게 보여줍니다.

직원 관리에서도 성찰은 결정적인 차이를 만듭니다. 직원에게 쌓인 불편함과 오해를 그대로 두고 내일을 맞이하면 감정은 더 굳어버립니다. 그러나 하루를 마치며 잠시 기억을 되살려 보면 다른 장면이 보입니다.

"그 직원이 일부러 그랬을까? 아니면 상황상 어쩔 수 없었을까?"

"내 말이 전달되는 방식에 문제는 없었을까."

이렇게 자신을 포함한 상황 전체를 다시 생각해 보면, 다음 날 직원과의 대화는 훨씬 차분해질 수 있습니다.

성찰은 관계를 정리하는 가장 조용한 방법입니다. 아우렐리우스에게 성찰은 고독한 시간이었으며 가장 강한 훈련이었습니다. 황제의 자리는 늘 칭찬과 아첨으로 둘러싸여 있었기에 자신을 늘 점검하지 않으면 현실 감각을 잃기 쉬웠습니다.

식당도 비슷한 위험이 있습니다. 손님과 지인들의 말, 온라인의 평가가 계속해서 나를 규정하려 들 때, 성찰이 없다면 나는 그 말들에 정의되어 집니다. 그러나 하루를 마무리하며 자기를 돌아보는 습관이 있다면 외부의 말은 참고 자료가 될 것입니다.

성찰은 많은 시간을 요구하지 않습니다. 장사를 마친 뒤 5분이면 충분합니다. 오늘 가장 잘한 한 가지와 가장 아쉬운 한 가지를 떠올리며 그 둘을 기록하거나 마음속으로 정리하는 정도면 충분합니다.

이 작은 루틴이 쌓이면 마음은 점점 자신을 속이지 않게 됩니다. 오래가는 식당의 공통점은 뛰어난 재능보다 자기 점검 습관에 있습니다. 그들은 작은 어긋남이라도 먼저 발견하면 즉시 바로잡습니다.

오늘을 성찰하지 않는 사람은 내일을 바꿀 수 없다는 말은 중요합니다. 같은 문제가 반복될 때 환경만 탓하면 상황은 달라지지 않습니다. 그러나 성찰을 통해 자신의 반응과 판단을 돌아보면 같은 문제라도 다른 결과를 만들 수 있는데 이것이 훈련된 이성의 힘입니다.

아우렐리우스가 모든 일을 훈련으로 삼으라고 한 이유도 여기에 있습니다. 전쟁도, 정치도 모두 마음을 단련하는 재료라는 믿음입니다.

하루를 마치며 잠시 멈춰 서서 거울을 들여다봅니다. 그 거울은 남의 평가가 아니라, 스스로에게 솔직해지는 시간입니다.

"오늘 나는 어떤 사람이었는가."

이 질문을 피하지 않고 마주하는 용기. 그 용기가 쌓일수록, 삶은 조금씩 정돈됩니다. 성찰은 나를 고치려는 채찍이 아니라 내 영혼을 바르게 이끄는 등불입니다. 그 등불을 켜는 습관이 있을 때 식당이라는 긴 여정 속에서 우리는 방향을 잃지 않고 내일의 문을 열 수 있습니다.

상상력의 그림자, 불안

사람들은 실제 고통보다,
고통을 예상하는 생각으로 더 괴로워한다.

- 『명상록』 10장 31절 -

이 문장은 식당에 몸담은 사람에게 유난히 사실로 다가옵니다. 마르쿠스 아우렐리우스는 인간의 고통이 현실 그 자체보다 미래를 앞당겨 상상하는 마음에서 더 크게 자란다고 보았습니다.

눈앞의 문제보다 머릿속에서 증식하는 가정과 예측이 사람을 먼저 지치게 만든다는 통찰입니다. 그는 전쟁과 정치의 한복판에서 살았고 실제 위협을 누구보다 많이 마주했지만 그럼에도 불안의 본질을 외부가 아닌 상상에서 찾았습니다.

식당은 늘 불안을 자극합니다. 오늘 매출이 떨어지면 내일은 더 떨어질 것 같고, 손님 한 명의 불만은 곧 가게 전체의 평판으로 번질까 두렵게 느껴집니다. 직원 한 명의 표정이 굳어 있으면 곧 퇴사 통보가 올 것 같고, 재료 가격 인상이 예고되면 늘어나는 원가 부담에 걱정이 앞섭니다.

그러나 가만히 들여다보면 이 불안은 아직 일어나지 않은 일입니다. 현실적 문제는 분명히 존재하지만, 그보다 더 큰 고통은 "혹시나"라는 상상에서 시작됩니다.

아우렐리우스는 사람들이 실제 고통보다 고통을 예상하는 생각으로 더 괴로워한다고 말했습니다. 이 말은 현대 심리학에서도 반복해서 확인됩니다.

인간의 뇌는 상상한 위험과 실제 위험을 거의 구분하지 못합니다. 아직 벌어지지 않은 상황을 떠올리는 순간에도 심장은 빨라지고, 호흡은 가빠지며, 몸은 이미 위협 앞에 선 것처럼 반응합니다.

장사를 마치고 귀가해서도 머릿속에서는 하루의 장면들이 비디오처럼 반복 재생됩니다.

"아까 그 손님 표정이 왜 그랬지?"

“내일 비 오면 손님이 더 줄지 않을까?”

이 생각들은 실제 문제를 해결하지 않으면서도 몸과 마음의 에너지를 소모합니다.

상상은 불안을 현실처럼 느끼게 만들고 그 불안은 다시 상상을 자극합니다. 이렇게 만들어진 고리는 현실의 문제보다 훨씬 큰 두려움을 낳습니다.

배달앱에 고객의 불만이 리뷰로 올라오면 답글을 올려 설명하고 개선을 약속하며 서비스를 보완하고 점검하면 됩니다. 그러나 상상이 개입되면 이야기는 달라집니다.

“이 리뷰를 읽은 손님이 주문을 안 하면 어쩌지?”

“악플이 더 달리면 가게 이미지가 망가질 텐데…”

이때부터 불안은 눈덩이처럼 불어납니다. 실제로는 아무 일도 벌어지지 않았음에도 마음속에서는 이미 최악의 시나리오가 진행 중입니다.

아우렐리우스는 불안을 없애는 대신 현실과 상상의 경계를 구분하는 훈련을 강조했습니다. 이 훈련은 매우 실용적인데 불안한 마음이 들 때 스스로에게 이렇게 묻는 것입니다.

“지금, 이 불안은 실제로 일어난 문제인가, 아니면 머릿속 상상인가.”

이 질문 하나로 불안의 크기는 달라집니다. 실제로 일어난 현실이라면 적절히 대응하면 됩니다. 음식에서 머리카락이 나왔다면 모자나 두건을 착용하면 되고, 매출이 줄었다면 원인을 분석하면 됩니다. 반면에 머릿속 상상은 개선할 대상이 없기에 불안만 더 증폭됩니다.

식당에서 가장 강력한 해법은 "지금 여기"로 돌아오는 일입니다. 불안은 늘 미래에 살지만 일은 언제나 현재에서만 해결할 수 있습니다. 지금 불 앞에 서 있다면 조리에 집중하고 지금 손님과 마주하고 있다면 그 손님의 표정과 말에 집중합니다.

이렇게 현재에 집중하면 머릿속에서 커지던 상상의 공포는 힘을 잃어버립니다. 아우렐리우스가 말한 '의식에 빛을 비추다'라는 표현은 바로 이런 상태를 가리킵니다.

불안은 어둠 속에 존재합니다. 그래서 식당에서 불안을 줄이는 가장 현실적인 방법은 구체화입니다. 매출이 걱정된다면 막연히 불안해하기보다 이번 주 고정비와 변동비, 손익분기점 등을 확인합니다.

손님이 줄어들까 걱정된다면, 실제 일일 방문자 수와 요일별 패턴을 점검합니다. 이렇게 현실을 구체적으로 바라보면 불안은 추상적인 공포에서 관리 가능한 문제로 바뀝니다.

아우렐리우스는 인간이 상상 속에서 자신을 가장 잔인하게 괴롭힌다고 보았습니다. 몸은 이미 충분히 일을 했는데 마음은 편하게 쉬지 못하고 불안해합니다. 불안이 완전히 사라지는 날은 없을지도 모릅니다.

아우렐리우스도 역시 불안을 느끼는 인간이었습니다. 다만 그는 불안이 자신을 지배하게 내버려두지 않았습니다. 불안을 관찰하고 그 근원이 상상임을 알아차리고 다시 이성의 자리로 돌아왔습니다.

불안에 끌려다니는 사장은 소모되지만, 불안을 다루는 사장은 그 불안을 연료로 삼아 더 단단해집니다.

"불안은 상상력의 그림자다."

그림자는 빛의 방향이 바뀌면 달라집니다. 마음의 빛을 현재에 비추는 순간, 상상의 공포는 더 이상 현실을 가장하지 못합니다.

현실의 문제는 해결할 수 있기에 상상의 문제를 알아차리는 순간 힘을 잃습니다. 식당이라는 불확실성의 세계에서 이 가르침은 매일매일을 버티게 해주는 지혜입니다.

고통은 견디고 두려움은 넘어서라

고통은 인내로, 두려움은 이성으로 다스려라.

- 『명상록』 7장 33절 -

이 문장은 삶을 둘로 나눕니다. 견뎌야 할 것과, 넘어서야 할 것. 마르쿠스 아우렐리우스는 인간이 겪는 어려움을 하나로 뭉뚱그리지 않았습니다. 고통과 두려움은 닮아 보이지만 전혀 다른 성질을 지니며 다루는 방식도 달라야 한다고 보았습니다.

고통은 삶의 일부로서 피할 수 없지만 견딜 수 있고, 두려움은 마음을 마비시켜 행동을 멈추게 하므로 반드시 이성으로 넘어서야 한다는 구분입니다.

식당에도 장시간 서서 일하며 생기는 다리의 부기, 반복된 동작으로 생기는 손목의 통증, 사계절 내내 뜨거운 불 앞에서 버텨야 하는 피로, 이런 것들은 고통에 가깝습니다.

불편하고 힘들지만 익숙해지면 관리할 수 있고 시간이 지나며 적응이 되어 강도가 낮아지기도 합니다. 고통은 몸의 신호이기에 인내로 다스릴 수 있습니다. 반면 두려움은 다른 얼굴을 하고 나타납니다. 두려움은 몸보다 마음을 먼저 포박합니다.

경영상 가격 인상을 고려하는 순간을 떠올려 보십시오. 식자재 원가는 오르고 비용은 늘어났지만, 가격을 올리는 순간 손님이 떠날 것 같다는 생각이 앞섭니다. 이것은 고통이 아니라 두려움입니다. 두려움은 그 결정을 미루게 만들고 밤잠을 설치게 합니다.

아우렐리우스가 말한 대로 두려움은 이성으로 판단해 넘어야 할 부분입니다. 원가를 재조정하고, 합리적인 가격 인상의 범위를 계산하는 순간 두려움은 급격히 작아집니다. 그리고 손님들이 이해하면 두려움은 더 이상 존재하지 못합니다.

신메뉴를 내놓는 일에서도 같은 구분이 필요합니다. 테스트 과정에서의 시행착오, 재료 손질의 번거로움, 초기의 비효율은 고통에 속합니다. 반복과 숙련, 개선으로 고통은 줄어듭니다.

"혹시 실패하면 어쩌지"

"손님이 외면하면 식당 이미지가 나빠지지 않을까"라는 생각은 두려움입니다.

이 두려움에 사로잡히면 시도를 포기하게 됩니다.

아우렐리우스의 관점에서 보면 실패의 가능성은 견디는 대상이 아니라 이성으로 관리하는 변수입니다. 소량 테스트, 기간 한정, 피드백 수집이라는 절차를 세우면 두려움은 실험으로 바뀝니다. 두려움은 더 이상 설 자리가 없습니다.

두려움은 사람 앞에서도 커집니다. 매장 오픈 전 조회 시간, 한 직원에게 공개적으로 피드백을 해야 하는 상황에서 관계가 어긋날까 봐 말을 아끼는 경우가 그렇습니다. 말하지 않으면 당장의 불편은 피할 수 있지만, 문제는 남습니다.

이때 느끼는 불편함은 고통이 아니라 두려움입니다. 기준을 문장으로 정리하고 사실과 행동에만 초점을 맞추어 전달하면 두려움은 통제할 수 있는 긴장이 됩니다. 전달 이후에 오히려 신뢰가 생기는 경우가 많습니다. 두려움을 넘지 않으면 성장도 멈춥니다.

배달 플랫폼을 처음 시작하거나 평점이 쌓이기 전의 공백기를 견디는 일도 마찬가지입니다. 초반의 주문 변동성, 댓글의 부담은 고통에 가깝습니다. 그러나 "별점이 적으면 어떡하지?" 라는 생각은 두려움입니다.

이 두려움은 메뉴 사진과 설명을 정비하고, 포장 기준을 정하고, 응대 문구를 통일하는 행동들을 시작하면 즉시 줄어듭니다. 아우렐리우스가 말한 '이성'은 바로 이런 준비를 말합니다. 준비는 두려움의 반대입니다.

삶의 고통은 시간이 지나며 약해지기도 합니다. 새벽 일찍 가게에 나와 준비하는 피곤함은 습관이 되면 덜해지고, 피크타임의 급격한 체력 소모도 반복된 적응으로 관리되며 인내하게 됩니다. 그러나 두려움은 시간이 지난다고 해서 자동으로 줄어들지 않습니다.

오히려 미룰수록 더 커집니다. 결정해야 할 것을 미룰수록, 말해야 할 것을 미룰수록, 바꿔야 할 것을 미룰수록 두려움은 상상으로 진화합니다. 그래서 아우렐리우스는 두려움을 견디지 말고 넘으라고 말합니다. 넘는다는 것은 이성의 끈을 잡고 전진하라는 뜻입니다.

식당에서 두려움을 넘는 순간은 언제일까요? 메뉴판의 한 줄을 수정하는 것, 안내 문구를 바꾸는 것, 일정표에 세부사항을 적는 것. 이런 작은 행동들이 경직된 마음을 풀어줍니다.

두려움은 생각의 안개 속에서 자라납니다. 사실과 행동으로 명확해지면 급격히 사라집니다. 반대로 고통은 행동 중에 나타납니다. 그렇기에 고통은 휴식과 회복으로, 두려움은 결단과 실행으로 다뤄야 합니다.

아우렐리우스는 전쟁터에서 가장 위험한 순간에 차분함을 유지하는 용기를 높이 평가했습니다. 식당에서도 진짜 용기는 오늘 해야 할 불편한 한 가지를 미루지 않는 태도입니다. 이 태도가 쌓이면 마음은 점점 자유로워집니다. 고통은 여전히 오지만 두려움이 발목을 잡지 못합니다.

삶에서 우리는 고통과 두려움을 모두 만납니다. 고통을 두려워하지 않고 인내하는 힘은 몸과 마음의 기초 체력을 키워줍니다. 두려움을 넘어서 행동하는 용기는 삶의 영역을 넓혀줍니다. 이 둘이 함께할 때 비로소 자유가 생깁니다.

용기의 본질

용기는 두려움을 없애는 것이 아니라, 통제하는 것이다.

- 『명상록』 7장 47절 -

이 문장은 오해를 바로잡는 문장입니다. 우리는 흔히 용기를 두려움이 없는 상태로 생각합니다. 그러나 마르쿠스 아우렐리우스는 전쟁터에서 그 환상을 단번에 부정했습니다.

두려움 없는 병사는 단 한 명도 없었습니다. 칼을 들고 전열에 선 병사들 모두가 두려움에 떨었고, 밤이 깊어질수록 더 심해졌습니다.

그러나 단 하나의 차이가 있었습니다. 어떤 병사는 그 두려움에 압도되어 움직이지 못했고, 어떤 병사는 같은 두려움을 품은 채 한 발을 내디뎠습니다.

아우렐리우스는 바로 그 지점에서 용기의 본질을 보았습니다. 용기는 두려움을 제거하는 힘이 아니라 두려움을 품은 채 행동을 가능하게 하는 통제력이라는 사실을 말입니다.

식당에서도 두려움 없는 날은 거의 없습니다. 다만 그 두려움이 하루의 방향을 결정하느냐 아니면 하루의 멋진 배경이 되느냐의 차이가 있을 뿐입니다.

단골 위주의 장사를 해오던 가게가 처음으로 낯선 고객층을 겨냥해야 하는 변화의 상황을 떠올려 보십시오. 새로운 메뉴 구성, 새로운 홍보 방식, 새로운 응대 기준. 모든 것이 익숙하지 않습니다. 이때의 불편함은 단순한 피로를 넘어 두려움에 가깝습니다.

"혹시 기존 단골이 싫어하지 않을까?"

"괜히 바꿔서 더 나빠지면 어쩌지?"

이런 생각은 자연스럽습니다.

아우렐리우스라면 이 두려움을 없애려 하지 않았을 것입니다. 대신 그는 물었을 것입니다.

"이 두려움을 안고 할 수 있는 가장 작은 행동은 무엇인가."

용기는 늘 크고 거창한 결단으로 나타나지 않습니다. 식당에서의 용기는 대개 아주 소소한 움직임의 형태를 띱니다. 메뉴판의 문구 하나를 바꾸는 것, 응대 멘트를 조금 더 정중하게 수정하는 것, 운영 시간을 30분 조정해 보는 것. 이 행동들은 두려움을 없애지 않습니다.

그러나 두려움이 나를 붙잡지 못하게 합니다. 두려움이 운전대를 잡지 못하도록 제어하는 행위, 그것이 바로 아우렐리우스가 말한 용기입니다.

사람 앞에서의 용기도 마찬가지입니다. 장사가 길어질수록 피드백이 필요한 순간은 늘어납니다. 거래처와의 조건 조정, 불편한 대화, 직원들의 역할 재정비. 이런 상황에서 두려움은 언제나 먼저 등장합니다.

관계가 틀어질까 봐, 오해가 생길까 봐, 내가 나쁜 사람이 될까 봐 등의 두려움은 매우 인간적입니다. 아우렐리우스는 이 인간성을 부정하지 않았습니다.

오히려 그는 용기를 인간다움을 다스리는 지혜라고 불렀습니다. 두려움을 느끼는 자신을 부끄러워하지 않고 그 두려움이 해야 할 말을 삼키게 두지 않는 태도 그 한 걸음이 용기입니다.

식당에서 특히 자주 마주하는 두려움 중 하나는 결정의 책임입니다. 메뉴를 줄일지 늘릴지, 영업시간을 변경할지 유지할지, 비용을 어디서 줄일지, 어떤 선택을 해도 결과는 불확실합니다. 그래서 두려움은 결정을 미루라는 유혹의 모습으로 나타납니다.

"조금 더 지켜보자."

이 말은 때로는 신중함이지만, 때로는 두려움의 다른 이름입니다.

아우렐리우스는 결정을 내리는 자리에서 두려움을 없애려 하지 않았습니다. 대신 그는 이성을 불러옵니다. 지금 가진 정보로 할 수 있는 최선의 판단을 내리고, 그 판단의 결과를 감당합니다. 용기는 결과를 통제할 수 없다는 사실을 인정하고 행동하는 태도에서 나옵니다.

두려움은 종종 행동보다 말로 먼저 나타납니다.

"아직은 시기상조야."

"지금은 상황이 안 좋아."

"좀 더 완벽해진 후에 하자."

이 말들은 겉으로는 합리적으로 보이지만 그 안에는 두려움이 숨어 있는 경우가 많습니다. 완벽을 기다리는 동안 시간은 지나가고 기회는 사라집니다.

아우렐리우스의 관점에서 보면 용기는 완벽한 상태를 기다리는 것이 아니라 불완전한 상태에서 움직이는 능력입니다. 식당에서 이 능력은 특히 중요합니다. 모든 조건이 갖춰지는 날은 거의 오지 않기 때문입니다.

아우렐리우스는 두려움을 제거하는 훈련보다 두려움과 함께 있는 법을 훈련했습니다. 두려움이 올라올 때마다 스스로에게 묻습니다.

"이 두려움은 나를 보호하려는 신호인가, 아니면 나를 묶어 두려는 상상인가."

보호 신호라면 대비하면 되고, 상상이라면 행동으로 깨버리면 됩니다. 식당에서도 이 질문은 그대로 적용됩니다. 두려움이 알려주는 위험은 준비로, 두려움이 만들어낸 과장은 실행으로 대응합니다.

아우렐리우스가 본 전쟁터의 용기는 소리를 지르며 돌진하는 모습이 아니었습니다. 오히려 조용히 대열을 유지하고, 손에 쥔 무기를 놓지 않는 태도였습니다. 식당에서도 용기는 극적이지 않습니다.

오늘 해야 할 일을 평소와 다름없이 해내는 것, 불안해도 기준을 지키는 것, 하기 싫어도 문을 여는 것. 이 반복이 쌓여 마음이 점점 단단해집니다. 두려움은 여전히 나타나지만, 그 크기는 점점 관리 가능한 수준으로 줄어듭니다.

용기를 두려움의 반대라고 오해하면 우리는 두려움을 느끼는 자신을 실패자로 취급하게 됩니다.

“나는 아직 준비가 안 됐어”

“나는 겁이 많아.”

그러나 아우렐리우스는 두려움은 인간의 본성이고, 용기는 그 본성을 다루는 기술이라고 말합니다. 이 기술은 타고나는 것이 아니라 매일의 작은 행동으로, 기준을 지키는 선택으로, 미루지 않는 태도로 훈련됩니다.

식당의 세계는 변화무쌍하여 두려움이 늘 도사리고 있습니다. 그래서 두려움이 사라질 때까지 기다리는 것이 아니라 두려움과 함께 움직여 삶의 반경은 넓히는 것이 중요합니다. 가게가 천천히 자리를 잡으면 마음은 더 이상 두려움에 휘둘리지 않습니다.

아우렐리우스가 말한 용기가 바로 이런 상태입니다. 두려움과 함께 행동할 수 있는 자유.

“용기는 두려움을 없애는 것이 아니라, 두려움을 통제하는 지혜다.”

이 문장을 마음에 새겨두면 우리는 더 이상 두려움을 적으로 생각하지 않습니다. 두려움을 인정하고 그 위에 앉아 한 걸음을 내딛습니다.

그 한 걸음이 다음 걸음을 부르고 또 다음 걸음을 부르면 어느새 우리는 생각보다 먼 곳까지 갈 수 있게 됩니다.

식당의 하루도 그렇게 나아갑니다. 두려움이 있어도 움직이는 사람만이 끝내 자기 자리를 만들어 갑니다.

2부

흔들림 속에서 세우는 중심

위기 때 드러나는 내면의 힘

시련이 닥칠 때 영혼의 힘이 드러난다.

-『명상록』10장 3절 -

마르쿠스 아우렐리우스는 재위 기간 내내 위기를 피할 수 없었습니다. 국경에서는 전쟁이 멈춘 적이 없었고, 제국 전역에는 역병이 퍼졌으며, 가까운 곳에서는 배신과 음모가 반복되었습니다.

평화로운 시절에 황제가 된 것이 아니었기에 긴장과 불안정 속에서 통치를 배웠습니다.

그는 위기를 제거할 수 없다는 사실을 잘 알았습니다. 대신 그는 그 위기 속에서 자기 영혼이 어떤 상태로 서 있을지를 선택하려 애썼습니다. 『명상록』은 바로 그 선택의 기록입니다. 고난을 지나며 더 단단해진 마음의 흔적입니다.

식당에서도 위기는 예고 없이 찾아옵니다. 어느 날 갑자기 주력 거래처가 납품단가를 인상한다고 통보하거나, 믿고 맡겼던 핵심 인력이 개인 사정으로 떠나야 하는 상황이 벌어지기도 합니다.

이런 위기는 사람을 가려냅니다. 평온할 때는 모두 비슷해 보이지만 위기 앞에서는 각자의 내면 상태가 그대로 드러납니다. 어떤 사람은 분노로 무너지고, 어떤 사람은 책임을 전가하며, 어떤 사람은 상황을 정리하기 시작합니다. 아우렐리우스가 말한 '내면의 힘'은 바로 이 마지막 태도에서 드러납니다.

예를 들어 주방의 핵심 동선이 갑작스럽게 막히는 상황을 떠올려 보십시오. 공사 문제나 시설 점검으로 인해 평소처럼 운영할 수 없게 되었을 때, 위기는 단순한 불편을 넘어섭니다. 매출 손실, 고객 불만, 직원의 동요가 한꺼번에 밀려옵니다.

이때 내면의 힘이 약한 상태에서는 "왜 하필 지금 속을 썩이는 거야"라는 원망이 먼저 나옵니다. 반면 내면의 힘이 준비된 사람은 질문이 다릅니다.

"지금 상황에서 가능한 최선은 무엇이지?"

그리고 매장의 동선을 임시로 재구성하고, 메뉴 구성을 단순화하며, 안내 문구를 정리합니다. 위기는 그대로지만 대응의 질은 완전히 다릅니다. 이 차이가 곧 내면의 힘입니다.

아우렐리우스는 외부의 혼란을 통제할 수 없다는 사실을 분명히 인식했습니다. 전쟁을 완전히 멈출 수 없었고, 역병의 확산도 막을 수 없었습니다. 그러나 그는 자신의 반응만큼은 통제할 수 있다고 보았습니다.

식당에서도 이 구분은 결정적입니다. 재료 수급에 문제가 생겼을 때 시장 상황은 통제할 수 없지만 대체 메뉴를 어떻게 할지, 손님에게 어떻게 설명할지, 직원들에게 어떤 방향을 제시할지는 선택할 수 있습니다. 위기 속에서 선택의 주도권을 잃지 않는 것, 그것이 내면의 힘이 작동하는 포인트입니다.

식당의 위기는 종종 관계의 위기로 나타나기도 합니다. 오랜 단골과의 오해, 직원 간의 갈등, 가족과의 충돌 등의 상황에서 내면의 힘이 약하다면 행동은 방어적이고 말은 공격적이 됩니다.

반대로 내면의 힘이 단단한 사람은 감정을 잠시 내려놓고 구조를 살펴봅니다. 무엇이 문제의 핵심인지, 어떤 기준이 흔들렸는지, 어디서부터 다시 세울 수 있는지 확인합니다.

위기는 관계를 파괴할 수도 있지만, 반대로 재정렬하는 계기가 되기도 합니다. 이 가능성을 보는 눈이 바로 내면의 힘입니다.

아우렐리우스는 위기 속에서 흔들리지 않으려 무척 애썼다고 이야기합니다. 흔들리지 않았다는 말이 아니라 흔들리면서도 중심을 잃지 않으려 애썼다는 것입니다. 이것이 현실적인 강함입니다.

위기는 내가 무엇에 의존해 왔는지를 드러냅니다. 매출에만 의존했는지, 사람에게만 의존했는지, 아니면 운에 의존했는지. 이 의존이 깨지는 순간 우리는 불안해지지만 동시에 더 든든한 기반을 만들 기회를 얻습니다.

메뉴의 본질, 서비스의 핵심, 운영의 우선순위 등 위기 이후에 가게가 더 안정되는 경우가 많은 이유도 여기에 있습니다. 아우렐리우스의 삶에서 위기가 반복될수록 그의 사유가 더 간결해진 것처럼, 식당에서도 위기는 군더더기를 걷어내는 힘을 가집니다.

그는 고난을 미화하지 않았습니다. 전쟁과 역병을 축복으로 부르지도 않았습니다. 다만 그 속에서도 영혼의 방향을 잃지 않는 것이 가능하다고 믿었습니다.

식당에서도 위기는 결코 반가운 손님이 아닙니다. 그러나 위기가 왔을 때, “이 상황이 나에게 무엇을 요구하는가”를 물으면 이야기는 달라집니다. 위기는 시험이지만 동시에 훈련입니다. 이 훈련을 통과한 사람은 더 이상 이전과 같은 사람이 아닙니다.

우리의 삶에도 위기는 준비되지 않은 순간에, 가장 바쁠 때, 가장 지치기 쉬운 시기에 불청객처럼 찾아옵니다. 그러나 아우렐리우스의 관점에서 보면 위기는 숨겨진 무대입니다.

평소에는 드러나지 않던 내면의 힘이 스포트라이트를 받는 자리입니다. 그 힘은 타고난 재능이 아니라, 반복된 태도에서 만들어집니다. 감정을 다루는 방식, 판단의 기준, 책임을 대하는 자세, 이것이 위기 속에서 한꺼번에 드러납니다.

“시련이 닥칠 때 영혼의 힘이 드러난다.”

이 말은 위기를 통해 자신을 확인하라는 말입니다.

식당이라는 예측 불가능한 세계에서 위기는 피할 수 없습니다. 그러나 그 위기를 통과하는 과정에서 우리는 자신도 몰랐던 힘을 발견할 수 있습니다. 외부의 혼란은 막을 수 없어도, 내면의 힘은 오히려 그 혼란 속에서 성장합니다.

위기는 나를 무너뜨리기 위해 오는 것이 아니라, 내가 누구인지 나타내기 위해 찾아옵니다. 그리고 그 무대 위에서 우리는 생각보다 단단한 존재임을 깨닫게 됩니다.

불안으로 성장하기

괴로움은 영혼을 연마한다.

-『명상록』 10장 8절 -

이것은 불안을 재해석하고 있습니다. 마르쿠스 아우렐리우스는 괴로움을 피해야 할 감정으로 보지 않았습니다. 그는 "괴로움은 영혼을 연마한다"라고 말하며 감정 속에 인간을 단단하게 만드는 성분이 들어 있음을 알았습니다. 불안은 우리를 괴롭게도 하지만 동시에 성장의 신호이기도 합니다.

저는 '요리 경연 프로그램'을 즐겨보곤 합니다. 자신이 갈고닦은 맛을 무기로 경쟁하고 비교하며 생존과 탈락이라는 서바

이벌 방식으로 검증받는 상황이 무척 흥미롭습니다. '내가 저 경연의 참가자라면 어떨까?'라는 상상도 해 보았습니다. 긴장도 되고 재미도 있겠지만 한편으론 몹시 불안할 것 같습니다.

"혹시 기본이 형편없다고 평가받으면 어쩌지."

이런 불안이 있기에 자신의 레시피는 다시 점검되고, 섬세하게 염도를 맞추고, 플레이팅에서 불필요한 요소를 덜어냅니다. 불안이 없다면 이런 점검은 하지 않았을 것입니다. 불안은 불편한 감정이지만 준비의 밀도를 높이는 힘을 가집니다.

아우렐리우스의 관점에서 보면 중요한 일을 앞두고 느끼는 불안은 그 일이 내 삶과 가게에 의미가 크다는 증거입니다. 의미 없는 일에는 불안이 없습니다. 위생 기준의 전면 개편, 조리 교육의 표준화, 원산지 표기의 재정비 등 유의미한 변화에는 불안이 따릅니다. 그러나 이 불안을 통해 우리는 질문을 하게 됩니다.

'지금의 방식은 정말 안전한가.'

이 질문이 시스템을 만들고 시스템이 가게를 오래가게 합니다. 불안은 이렇게 성장을 촉발하는 촉매가 됩니다.

불안이 성장으로 이어지지 않는 이유는 불안을 대하는 태도 때문입니다. 불안을 밀어내거나 부정하면 그 에너지는 소모로 바뀝니다. 반대로 불안을 원료로 삼으면 에너지는 구조로 전환됩니다.

예를 들어 새로운 공급처와의 첫 거래를 앞둔 상황에서 불안이 올라옵니다.

"품질이 일정하지 않으면 어쩌지."

이 불안을 무시하면 나중에 더 큰 문제가 생길 수 있습니다. 그러나 이 불안을 활용하면 납품 기준서, 샘플 검증, 반품 프로세스 등의 조치로 거래를 명쾌하게 만들고 신뢰를 쌓게 됩니다.

아우렐리우스는 괴로움을 자기 안에서 소화하는 사람이었습니다. 그는 고통과 불안을 바깥으로 밀어내지 않고 이성의 언어로 번역했습니다. 불안이 올라올 때 이렇게 묻는 것입니다.

"이 불안이 나에게 요구하는 준비는 무엇인가."

이 질문은 불안을 막연한 감정에서 행동 목록으로 바꿉니다. 행동 목록이 생기는 순간, 불안은 더 이상 막연하지 않습니다.

불안은 또한 확장의 감정입니다. 새로운 서비스 방식, 새로운 시간대 운영, 새로운 고객 접근 앞에서 불안이 생깁니다. 이 불안은 실패의 예감이 아니라 영역이 넓어질 때 나타나는 자연스러운 반응입니다.

아우렐리우스의 말처럼 불안이 없다면 도전도 없습니다. 도전이 없다면 삶은 단순 반복일 뿐입니다. 식당에서 반복은 안정이 될 수 있지만 동시에 정체이기도 합니다. 불안은 정체되어 고인 물이 썩지 않도록 물꼬를 터 줍니다.

또 한 가지 중요한 점은 불안을 견디는 것이 미덕이 아닙니다. 불안은 목적이 아니라 수단입니다. 배움으로 연결될 때만 의미가 있습니다. 예를 들어 신입직원의 교육용 매뉴얼을 처음 만들 때의 불안은 테스트와 수정으로 이어져야 합니다.

그 과정을 거치며 불안은 사라지거나 다음 단계의 더 정교한 불안으로 바뀝니다. 이 반복이 성장을 만듭니다. 아우렐리우스가 말한 '연마'란 바로 이런 단계적 단련 과정입니다.

불안을 활용하는 사람은 불안을 숨기지 않으며 불안에 휘둘리지도 않습니다. 불안을 인정하고 그 불안을 질문으로 바꿉니다.

"무엇이 불안한가"를 "무엇을 준비하면 되는가"로 전환합니다. 이 전환이 가능해지면 불안은 줄어들고 자신감이 생깁니다.

아우렐리우스는 인간이 완벽해지는 길을 제시하는 대신 단단해지는 길을 보여주었습니다. 불안은 그 길 위에 놓인 표지판입니다. 표지판을 무시하면 길을 잃고, 표지판을 읽으면 방향이 분명해집니다.

불안을 배움으로 연결한다면, 우리는 이전보다 더 넓은 선택지를 갖게 될 것입니다.

"불안은 나를 성장시킬 수 있다."

이 말은 불안을 활용하라는 말입니다. 불안을 거부하지 말고, 불안을 통해 질문하고 준비하고 실행하는 사람은 결국 더 단단해집니다.

아우렐리우스가 말한 괴로움의 연마는 바로 이 과정입니다. 불안은 우리를 괴롭히지만, 그 불안을 통과한 자리에 남는 것은 한 단계 성장한 나 자신입니다.

불확실성 속에서도 마음을 다잡아라

밖의 일은 늘 불확실하지만,
자기 마음을 곧게 세우면 그것으로 충분하다.

- 『명상록』 6장 48절 -

가장 불안정한 시대를 지나온 사람의 체험에서 나온 말입니다. 마르쿠스 아우렐리우스가 황제로 있던 시기는 예측할 수 있는 것이 거의 없었습니다.

북쪽 국경에서는 전쟁이 이어졌고, 남쪽에서는 반란이 끊이지 않았으며, 제국 전역에는 역병이 퍼졌습니다. 그럼에도 미래를 통제하려 애쓰기보다 마음을 곧게 세우는 일에 집중했습니다.

식당의 현실 또한 늘 불확실성 위에 서 있습니다. 매일 아침 문을 열 때, 오늘이 어제와 같을지 아무도 확신할 수 없습니다. 날씨 하나로 손님의 방문 횟수가 바뀌고, 갑작스러운 공사나 행사로 상권의 분위기가 달라집니다.

식자재 수급은 늘 변하고, 건강상의 이유는 계획이 쉽게 어긋나기도 합니다. 이런 환경 속에서 많은 사람들은 불확실성을 최대한 없애려 애씁니다. 모든 경우의 수를 계산하고 완벽한 대비책을 만들고 싶어 합니다.

그러나 아우렐리우스가 보기에 확실한 것을 붙잡으려는 집착이야말로 불안을 키우는 원인이었습니다. 그는 세상의 변화를 통제하려 하지 않았습니다. 대신 변화 속에서 자기 태도를 통제하는 법을 훈련했습니다. 바람의 방향을 바꾸는 것은 불가능하지만 뿌리를 깊게 내리는 것은 가능하다는 인식입니다.

식당에서 불확실한 상황으로 마음이 요동칠수록 해야 할 일은 더 단순해집니다. 오늘의 준비를 정확히 하는 것, 재료의 상태를 점검하는 것, 고객 응대의 기준을 철저히 지키는 것. 이런 기본적인 행위들은 불확실성을 제거하지는 못하지만, 흔들리는 마음에 중심을 세웁니다. 아우렐리우스가 말한 "밖의 일은 늘 불확실하지만, 자기 마음을 곧게 세우면 그것으로 충분하다"라는 말은 바로 이것을 말하고 있습니다.

불확실성 앞에서 마음은 종종 갈대처럼 흔들립니다. 작은 말 한마디, 사소한 실수 하나에도 크게 요동칩니다. 식당은 특히 더 그렇습니다. 손님의 짧은 반응, 거래처의 청구서, 포스에 찍힌 매출이 마음을 흔듭니다. 흔들리는 것은 인간다움의 증거입니다.

문제는 그 흔들림에 휘둘릴 것이냐, 아니면 다시 중심을 세우느냐입니다. 아우렐리우스의 철학은 흔들리지 말라는 명령이 아니라 흔들린 뒤 다시 중심을 세우는 법을 가르칩니다.

불확실한 상황에서 가장 위험한 선택은 할 수 없는 일에 집착하는 것입니다. 모든 변수를 통제하려 들수록 마음은 지칩니다. 반대로 할 수 있는 일에 손을 대는 순간 방향은 보이기 시작합니다. 예를 들어 손님 수가 줄어든 원인을 당장 모두 파악할 수는 없지만, 오늘의 서비스 품질을 점검하는 것은 가능합니다.

내일의 시장을 예측할 수는 없지만, 오늘의 비용 구조를 정리하는 것은 가능합니다. 이 작은 행동들이 모여 마음은 다시 중심을 찾습니다. 아우렐리우스가 말한 이성의 훈련은 거창한 사유가 아니라 지금 가능한 한 가지 행동을 하는 힘입니다.

그는 바람을 막으려 애쓰지 않았습니다. 바람이 거셀수록 나무가 뿌리를 깊이 내리듯, 흔들리는 세상 속에서 마음의 중심을 세우는 법을 배웠습니다. 식당에서도 이 이미지는 그대로 적용됩니다. 상황이 안정적일 때는 누구나 차분해 보입니다.

그러나 예측 불가능한 변수가 겹칠수록, 그 사람의 기준과 태도가 드러납니다. 불확실성 속에서 기준을 지키는 사람은 상황이 달라져도 쉽게 무너지지 않습니다. 기준은 현재를 견고하게 만듭니다.

마음을 붙잡는 가장 확실한 방법은 자기 안의 목소리에 귀 기울이는 것입니다. 외부의 정보와 조언은 참고가 되지만 그것만으로는 마음이 안정되지 않습니다. 식당을 오래 해온 사람일수록 어떤 선택이 자신과 가게에 맞는지에 대한 감각을 이미 갖고 있습니다.

불확실성이 커질수록 이 감각은 더 중요해집니다. 잠시 멈추어 물어보십시오.

"지금 내가 지켜야 할 가장 중요한 것은 무엇인가"

그 순간 마음은 고요해지고, 고요해진 마음은 다시 강해집니다.

아우렐리우스는 불확실성을 없애려 애쓰지 말라고 말합니다. 그것은 삶의 본질이기 때문입니다. 확실성을 약속하는 세계는 존재하지 않습니다.

그러나 불확실성 속에서도 자기중심을 세우는 삶은 가능합니다. 불안할수록 기본으로 돌아가고, 흔들릴수록 기준을 확인하는 것, 이 반복이 마음을 단련시킵니다.

흔들리는 마음은 약함이 아니라 인간다움의 증거입니다. 문제는 흔들리지 않는 사람이 되는 것이 아니라, 흔들린 뒤 다시 바로 설 수 있는 사람이 되는 것입니다.

아우렐리우스가 황제의 자리에서도 끊임없이 자신을 다잡았던 이유도 여기에 있습니다. 외부의 혼란은 막을 수 없어도, 내면의 태도는 훈련할 수 있다는 믿음. 그 믿음이 그를 무너지지 않게 했습니다.

불확실성을 없애려 애쓰지 마십시오. 그 속에서 마음을 다잡는 법을 배우는 것이 지혜입니다. 식당이라는 예측 불가능한 세계에서 이 태도는 단순한 철학이 아니라 지속하게 하는 힘입니다. 바람은 계속 불겠지만, 중심을 단단히 세운 사람은 쓰러지지 않습니다.

희망과 불안은 같은 뿌리

희망과 두려움은 오지 않은 것에 마음을 두기 때문이다.

-『명상록』 2장 13절 -

이것은 마음의 작동 원리를 꿰뚫는 냉정한 통찰입니다. 마르쿠스 아우렐리우스는 인간의 마음이 왜 쉽게 평온을 잃는지를 아주 단순하게 설명합니다. 희망도 불안도 모두 아직 오지 않은 미래에 마음을 두는 데서 시작된다는 것입니다.

하나는 '기대'라는 얼굴을 하고, 다른 하나는 '걱정'이라는 얼굴을 하고 있지만 뿌리는 같습니다. 그래서 희망이 커질수록 불안도 함께 자라고, 불안이 깊어질수록 희망에 매달리게 됩니다.

식당에서 이 구조는 선명합니다. 예컨대 지역 매체나 방송에서 취재 제안이 들어왔다고 떠올려 보십시오. 마음은 곧바로 두 갈래로 나뉩니다.

“이번에 잘 나오면 가게가 더 알려지겠지”라는 희망과, “혹시 부정적으로 비치면 어쩌지”라는 불안입니다.

두 감정은 서로 배치되는 것처럼 보이지만 사실은 공통점이 있습니다. 아직 오지 않은 결과라는 사실입니다. 이때 마음은 이미 오늘의 주방을 떠나 미래의 반응에 가 있습니다.

아우렐리우스는 이 상태를 경계했습니다. 희망 자체가 나쁘다고 말하지 않았고, 불안을 죄악시하지도 않았습니다. 다만 그는 분명히 했습니다.

마음이 미래에 머무는 시간이 길어질수록 현재의 충실함이 사라진다는 사실을 말입니다. 희망과 불안이 동시에 커질수록 지금 해야 할 가장 중요한 일들은 오히려 놓치기 쉽습니다.

가게 확장 계획을 세울 때도 마찬가지입니다. ‘내년에는 2호점을 낼 수 있지 않을까’라는 희망이 생기면, 곧바로 ‘자금은 충분할까’, ‘사람은 구할 수 있을까’라는 불안이 따라옵니다. 이 두 감정은 서로를 밀어내지 않습니다. 오히려 번갈아 가며 마음을 점유합니다.

문제는 그 사이에서 현재의 가게 운영이 소홀해질 위험이 있다는 것입니다. 아우렐리우스의 철학은 이때 명확한 기준을 제시합니다. 미래를 계획하지만, 마음을 거기에 두지 말라는 것입니다. 마음은 오늘에 두어야 합니다.

식당에서 희망은 다음 달 목표 매출, 성수기 예상 수치, 예약률 전망 등 종종 숫자로 다가옵니다. 이 수치에 마음을 두면 하루하루의 작은 변동에도 감정은 크게 흔들립니다. 목표에 못 미친 날은 좌절로, 조금 넘긴 날은 과도한 안도로 이어집니다.

이렇게 희망과 불안 사이를 오가는 동안 마음은 늘 미래에 매달린 채 현재를 살아가지 못합니다. 아우렐리우스는 이것을 자발적 소란이라고 보았습니다.

그는 희망과 불안을 끊어내라고 말하지 않는 대신 그 에너지를 현재로 돌리라고 말합니다. 식당에서 이 전환은 매우 구체적입니다. 내일의 손님 수를 걱정하는 대신 오늘의 재료 손질을 정확히 하고, 다음 시즌의 유행을 예측하기보다 지금 나가는 메뉴의 일관성을 지킵니다.

그리고 아직 오지 않은 칭찬이나 비난에 마음을 빼앗기지 않고 눈앞의 한 사람에게 집중하면 마음은 놀라울 정도로 조용해집니다. 아우렐리우스가 말한 평안은 좋은 미래를 상상해서 얻는 감정이 아니라 현재를 온전히 살아내는 태도에서 나옵니다.

현재에 충실하다는 것은 거창한 철학이 아닙니다. 오늘의 일정을 정리하고, 오늘의 업무를 점검하고, 오늘의 기준을 지키는 일입니다. 이 반복은 마음을 안정시킵니다.

마음이 더 이상 오지 않은 시간에 매달리지 않기 때문입니다. 아우렐리우스가 보기에 인간이 가질 수 있는 가장 현실적인 평안은 바로 이 상태였습니다.

그는 황제로서 수많은 '만약'을 떠올릴 수 있었습니다. 만약 전쟁이 길어지면, 만약 역병이 확산하면, 만약 내부 반란이 터지면. 그러나 그는 이 '만약' 속에 마음을 두지 않으려 애썼습니다. 대신 오늘의 결정, 오늘의 태도, 오늘의 판단에 집중했습니다.

식당에서도 이 태도는 유효합니다. 지금 할 수 있는 몇 가지에 집중하면 마음은 다시 현재로 돌아옵니다.

"마음을 미래에 빼앗기지 말고, 지금 이 순간의 삶을 충실히 살아가라."

이 말은 미래를 준비하되, 현재를 희생시키지 말라는 뜻입니다. 거기에 진짜 평안이 있습니다.

식당이라는 불확실한 세계에서 우리는 늘 희망과 불안을 함께 안고 삽니다. 둘을 완전히 없앨 수는 없습니다. 그러나 둘에 끌려다니지 않는 선택은 가능합니다. 아우렐리우스가 말한 평안은 바로 지금의 충실함 속에 있습니다.

불안의 해독제, 평정

영혼이 평정할 때, 어떤 외적 혼란도 그를 해치지 못한다.

- 『명상록』 4장 49절 -

이 말은 불안과 함께 사는 가르침입니다. 마르쿠스 아우렐리우스는 불안이 존재하는 속에서 영혼이 평정을 유지할 수 있는가를 물었습니다. 외적 혼란은 막을 수 없지만, 내면의 태도는 훈련할 수 있다는 확신 때문입니다.

식당에서 불안은 상수입니다. 미래가 불확실할수록, 관계가 흔들릴수록 불안은 커집니다. 예컨대 세무 점검 통보를 받았을 때를 떠올려 보십시오. 점검 자체보다 더 큰 것은 그 전에 밀려오는 불안입니다.

"혹시 놓친 게 있지 않을까"
"괜히 문제가 커지면 어쩌지."
이때 많은 사람들은 불안을 없애려 애씁니다. 괜찮다고 스스로를 달래거나, 아예 생각을 밀어냅니다.
그러나 아우렐리우스의 관점에서 보면, 이 방식은 불안을 줄이지 못합니다. 불안을 지우려 할수록 불안은 더 집요해집니다.

반면 평정은 다른 길을 택합니다. 불안을 있는 그대로 바라보고, 지금 확인할 수 있는 사실부터 차분히 점검합니다. 서류를 펼쳐 기한을 확인하고, 필요한 질문을 정리하면 마음은 조금씩 가라앉습니다. 불안은 사라지지 않아도 중심은 다시 세울 수 있습니다.

평정은 마음을 억누르는 것이 아닙니다. "불안해하지 말자"라는 자기 명령이 아니라, "지금 불안하구나"라고 정확히 인식하는 힘입니다. 식당에서 이 인식은 실질적인 차이를 만듭니다.
예를 들어 인근 상가에서 소음 민원이 제기되었을 때 불안은 즉시 확대됩니다.
"영업에 제약이 생기면 어쩌지."

이때 평정은 상황을 도덕적 평가나 예측으로 키우지 않습니다. 대신 사실을 분리합니다. 어떤 시간대, 어떤 소음, 어떤 기준인지 목록으로 만들고 소통의 문장을 준비합니다. 이렇게 차분히 대응하면 불안은 더 이상 마음을 점령하지 못합니다.

아우렐리우스는 불안을 억제하는 약 대신 관찰하는 눈을 길렀습니다. 불안이 올라올 때마다 "이 감정이 지금 나에게 무엇을 알리려 하는가"를 묻습니다.

식당에서 불안은 신호입니다. 알레르기 관련 문의가 늘어날 때 느끼는 불안을 평정한 관찰로 바라보면 알레르기 유발 식재료 분리, 조리 과정 준수, 안내 문구 보완 등의 행동으로 이어집니다. 불안은 이렇게 개선의 출발점이 됩니다.

불안은 파도처럼 밀려옵니다. 날씨의 급변으로 식재료 공급이 불안정해졌을 때, 예약 취소가 연달아 발생했을 때, 마음은 쉽게 흔들리고 불안합니다. 이때 평정은 이 파도가 지나가도록 둡니다.

그리고 냉장 온도를 확인하고, 대체 메뉴를 결정하며 안내문을 공지합니다. 차분히 행동에 집중하면 불안은 물러납니다. 아우렐리우스가 말한 평정은 불안의 부재가 아니라 불안을 꿰뚫어 보는 통찰입니다.

식당에서 평정은 특히 의사결정의 질을 좌우합니다. 불안한 상태에서는 과도한 축소나 무리한 확장 등 결정이 극단으로 흐르기 쉽습니다. 반면 평정한 마음은 최선의 길을 봅니다.

예컨대 재고 회전이 안 될 때 평정은 데이터를 쪼개 잘 도는 품목과 아닌 품목, 요일별 편차, 조정 가능한 소량 테스트로 나누는 과정에서 불안은 힘을 잃고 판단은 또렷해집니다.

아우렐리우스는 외부의 혼란이 그를 해치지 못한 건 평정 때문이라고 믿었습니다. 식당이 평정하고 사장이 차분하면, 직원은 식당의 기준을 신뢰합니다.

불안한 소식이 있어도 소문은 증폭되지 않습니다. 평정은 말의 톤과 속도를 부드럽게 바꾸고 그 변화는 곧 안정으로 이어집니다. 평정은 개인의 감정 관리가 아니라 운영의 품격입니다.

불안을 밀어내지 않고 받아들이면 그것은 더 이상 나를 지배하지 못합니다. 이 받아들임은 체념이 아닙니다. 불안이 전하려는 신호를 알아차리고 행동으로 옮기는 능력입니다.

식당에선 불안이 일어날 때마다 체크리스트를 펼쳐 점검하며 행동을 시작합니다. 이 루틴이 생기면 불안은 통제의 영역에 있게 됩니다.

평정은 불안을 비추는 빛입니다. 빛이 어둠을 비추는 순간 어둠은 사라집니다. 평정이 자리를 잡으면, 불안은 나의 일부가 되어 경계신호로 작동하게 됩니다.

"평정은 불안의 해독제다."

이 말의 핵심은 간단합니다. 불안이 없어야 강해지는 것이 아니라, 불안 속에서도 중심을 잃지 않을 때 삶은 단단해집니다.

식당이라는 변동의 세계에서, 이 평정은 가장 실질적인 힘입니다. 그 차분함이 하루를 지탱하고 긴 시간을 가능하게 합니다.

남의 시선은 바람이다

남의 시선은 바람이다. 잡으려 할수록 흔든다.

- 『명상록』 4장 3절 -

마르쿠스 아우렐리우스는 사람들이 왜 그토록 쉽게 지치고 흔들리는지 보았습니다. 바로 남의 시선을 붙잡으려 애쓰기 때문입니다. 그는 타인의 평가가 얼마나 덧없고 찰나적인지를 상기시킵니다.

오늘의 칭찬은 내일의 무관심으로, 오늘의 비난은 곧 잊힙니다. 그럼에도 우리는 그 잠깐 지나가는 바람에 몸을 기대고 마음을 쓰다 자신을 지치게 만듭니다.

식당에서 남의 시선은 특히 빠르고 예민합니다. 어느 날 영업 시간 변경을 공지하려는 순간, 어떤 손님은 공감하고 선뜻 이해해 주시지만, 일부는 자신의 상황에 따라 불편을 말할 수 있습니다.

이때 모든 시선을 만족시키려 들면 안 됩니다. 공지 문구를 수차례 바꾸고, 예외를 만들고 하다 보면 기준은 점점 더 아리송해집니다.

그러나 아우렐리우스의 관점으로 보면 이 시선들은 잠시 스쳐 가는 바람입니다. 기준을 명확히 세우고 일관되게 유지하면 바람은 지나가고 고요만 남습니다. 붙잡으려 할수록 바람은 더 세게 붑니다.

메뉴판의 디자인도 마찬가지입니다. 더 고급스러워 보일지, 더 친근해 보일지에 대한 타인의 의견은 끝이 없습니다. 모든 의견을 반영하려다 보면 정체성은 사라집니다.

아우렐리우스는 "잡으려 할수록 흔든다"라고 경고했습니다. 식당에서 시선을 흘려보내는 것은 무시가 아니라 선별입니다. 다양한 의견을 참고하지만, 결정권은 내 안에 둡니다. 그 순간 마음은 가벼워지고 선택은 단순해집니다.

복장 규정을 정할 때도 시선의 바람은 불어옵니다. 너무 캐주얼해 보일까, 너무 딱딱해 보일까. 모든 시선을 고려하면 규정은 모호해집니다.

반면 '위생, 청결, 역할, 식별'이라는 목적을 분명히 하면 선택은 명확해집니다. 바람을 거스르지 않고 바람이 지나가게 두고, 평가에 휘둘리지 않는 태도가 아우렐리우스가 말한 자유입니다.

매장 음악 하나를 고르는 데도 남의 시선은 개입합니다. 시끄럽다는 말과 활기 있다는 말이 동시에 나옵니다. 이때 음악의 종류, 음량, 시간대라는 기준을 세우면 논쟁은 잦아듭니다. 기준이 서면 바람은 스쳐 지나갑니다. 아우렐리우스의 철학은 감정이 아니라 기준의 힘을 말합니다.

아우렐리우스는 타인의 평가를 전부 무가치하다고 말하지 않았습니다. 다만 머무는 자리를 주지 말라고 했습니다. 식당에서도 손님의 평가는 참고 자료이지 기준이 아닙니다.

남의 시선을 흘려보내는 태도는 무례함이 아니라 성숙함입니다. 기준을 설명할 줄 알고, 예외를 남발하지 않는 태도. 이 태도는 시간이 지나며 신뢰로 바뀝니다. 오늘의 불평은 내일의 이해로, 내일의 이해는 다음 방문으로 바뀝니다. 바람은 늘 지나갑니다. 중요한 것은 기준입니다.

아우렐리우스가 경계한 어리석음은 바람을 탓하는 것이 아니라 바람을 붙잡으려는 집착이었습니다. 식당의 하루에서도 남의 시선을 흘려보내는 순간, 마음은 한결 가벼워지고 내가 지키고 싶은 기준, 내가 책임질 수 있는 선택으로 돌아옵니다.

"바람을 억지로 거슬러 걷기보다 흘러가게 둬라."

그 순간 우리는 흔들리지 않습니다. 바람은 지나갑니다. 그리고 그 자리에 남은 기준은 오래 갑니다.

평판에 얽매이지 마라

명성은 바람이오, 덕은 영혼의 굳은 성채다.

- 『명상록』 4장 3절 -

이 말은 거칠게 들리겠지만, 아우렐리우스가 도달한 가장 냉정한 결론에 가깝습니다. 마르쿠스 아우렐리우스는 황제로서 하루도 평판에서 벗어나 살아본 적이 없었습니다. 어떤 날은 제국을 구한 현명한 통치자로 추앙받았고, 어떤 날은 잔혹하고 무능한 폭군으로 낙인찍혔습니다.

같은 인물, 같은 결정이었지만 달라진 것은 오직 사람들의 말이었습니다. 평판은 내가 만드는 것도, 붙잡는 것도, 지키는 것도 아니라는 사실을 깨달았습니다.

식당의 세계에서도 이 진실은 그대로 작동합니다. 예를 들어 아파트 단지 내 커뮤니티의 입소문을 떠올려 보십시오. 누군가의 한 줄 평이 순식간에 퍼지고, 사실 여부와 무관하게 이미지가 만들어집니다. 친절했다는 다수의 말은 금세 묻히고, 불친절했다는 소수의 말이 오래 남습니다.

이런 경우 보통은 평판을 정화하려 합니다. 해명하고, 설득하고, 오해를 바로잡으려 합니다. 그러나 아우렐리우스는 이런 노력은 바람을 붙잡으려는 시도와 다르지 않다고 말합니다. 바람은 절대 잡히지 않고 잡으려 하는 마음만 흔들립니다.

그는 명성을 바람에 비유했고, 덕을 영혼의 성체라 불렀습니다. 식당에서 덕은 눈에 띄는 홍보가 아니라 일관된 선택입니다. 예컨대 원가가 올라도 가격을 고수하는 선택, 번거롭더라도 알레르기 대응 절차를 지키는 선택, 바빠도 인사와 응대에 소홀하지 않은 선택, 이런 선택들은 당장 눈에 띄지 않을 수 있습니다. 그러나 이 선택들이 쌓이면 바람이 불어도 무너지지 않는 식당이 만들어집니다.

평판은 타인의 임시적 판단입니다. 남의 말이 커 보이는 이유는, 그것이 실제로 크기 때문이 아니라 내 마음이 그쪽으로 기울어 있기 때문입니다. 식당에서 평판을 쫓는 삶은 곧 기준의 붕괴로 이어지기 쉽습니다. 어떤 날은 “정갈하다”라는 말을 듣고 양을 줄였다가, 다른 날은 "인색하다"라는 말에 다시 늘립니다.

어느 순간 메뉴는 중심을 잃고 가게는 혼란스러워집니다. 평판은 늘 상충합니다. "비싸다"와 "이 정도면 싸다"가 존재합니다. 이 상충 속에서 방향을 잡아주는 것은 덕의 기준입니다. 어떤 가치의 음식인지, 장사 철학이 무엇인지 대한 대답 위에 있을 때 평판은 참고 자료일 뿐입니다.

아우렐리우스는 평판을 통제권 밖의 일로 분류했습니다. 이 구분은 식당에서 특히 중요합니다. 통제할 수 없는 것을 통제하려 들면 에너지는 고갈됩니다.

반대로 통제할 수 있는 레시피의 정확성, 위생의 일관성, 응대의 태도에 집중하면 마음은 안정됩니다. 평판은 따라올 수도 있고 오지 않을 수도 있습니다. 그러나 덕은 언제나 손안에 있습니다. 이 차이를 알면 삶의 무게는 달라집니다.

평판은 안개처럼 일어났다가 사라집니다. 오늘의 존경은 내일의 무관심으로 바뀌고, 오늘의 비난은 시간이 지나면 묻힙니다. 장기 운영이 가능한 식당들의 공통점은 의존하지 않는 태도입니다. 그들도 평판을 중요하게 생각하지만 크게 영향받지 않습니다. 평판은 지나가는 바람이고 덕은 튼튼한 집입니다.

아우렐리우스가 말한 덕은 도덕적 완벽함이 아닙니다. 그것은 자기 통제입니다. 화가 나도 기준을 지키는 것, 불리해 보여도 원칙을 버리지 않는 것, 조급해도 과장하지 않는 것. 식당에서 이 덕은 가게를 안정시키고, 운영을 예측할 수 있게 합니다. 예측 가능성은 신뢰를 낳고 신뢰는 평판보다 오래갑니다.

"평판은 바람처럼 불어왔다가 사라지지만, 덕은 땅처럼 단단하다."

바람을 좇을 것인가, 땅을 다질 것인가. 식당에서 단기 반응을 택할지, 장기 기준을 택할지. 아우렐리우스의 답은 분명합니다. 통제할 수 있는 것에만 마음을 쓰라는 것입니다.

타인의 말에 이리저리 휘둘리지 말고, 덕의 땅 위에 서십시오. 그곳에서는 마음이 안정되고, 판단은 흔들리지 않습니다. 덕의 땅에서는 내가 선택하고, 내가 지킬 수 있기 때문입니다.

칭찬과 덕

칭찬은 연기처럼 사라지고, 덕은 흔들리지 않는다.

- 『명상록』 6장 30절 -

마르쿠스 아우렐리우스는 칭찬을 거부하지 않지만, 의지하지 말라고 했습니다. 칭찬은 잠시 마음을 들뜨게 하지만 연기처럼 흩어지고 사라진 뒤에는 공허함이 남기 때문입니다.

황제였던 그는 환호와 비난이 얼마나 빠르게 뒤집히는지 매일 보았습니다. 그래서 그는 결론을 분명히 합니다. "칭찬은 연기처럼 사라지고, 덕은 흔들리지 않는다."

식당에서 이 통찰은 유난히 현실적입니다. 예컨대 유력한 외부 평가에 이름이 오르는 순간을 떠올려 보십시오. 상패와 기사, 축하 인사가 쏟아집니다. 며칠 동안 가게는 들뜹니다. 그러나 다음 분기, 새로운 가게가 주목받으면 시선은 이동합니다.

칭찬에 마음을 맡겼던 사람은 허탈해집니다. 반면 일관된 품질, 정확한 공정, 차분한 응대 등 덕에 기대어 운영해 온 사람은 평소의 리듬을 유지합니다. 연기는 사라지지만 땅은 남습니다.

인플루언서의 방문도 비슷합니다. 촬영 날은 긴장과 기대가 교차합니다. 업로드 직후 반응이 뜨거우면 기쁨은 증폭되지만, 알고리즘은 변덕스럽고 관심은 오래 머물지 않습니다. 이때 아우렐리우스의 기준이 힘을 발휘합니다.

칭찬은 결과이고, 덕은 과정입니다. 과정이 단단하면 결과가 오든 오지 않든 마음은 흔들리지 않습니다. 촬영이 없는 날에도 동일한 기준으로 음식을 내고, 동일한 동선으로 운영하는 꾸준함이 덕입니다.

칭찬은 달콤하지만 조건부입니다. 오늘은 친절하다고 칭찬받고, 내일은 바쁘다는 이유로 무표정하다는 말을 들을 수 있습니다. 이 조건부 평가에 기쁨을 맡기면, 기쁨의 주도권은 타인에게 넘어갑니다.

식당에서 이는 위험합니다. 바쁜 날일수록 표정과 말투의 일관성이 깨지기 쉬운데 이때 필요한 것은 "오늘도 칭찬받아야 한다"라는 압박이 아니라 기준을 지킨다는 확신입니다.

확신은 외부가 주지 않습니다. 스스로 세운 덕에서만 나옵니다. 아우렐리우스가 말한 덕은 자기 일관성입니다.

"진짜 힘은 외부가 아닌 내 안에서 나온다."

칭찬은 연기처럼 흩어질 운명입니다. 덕은 오늘의 선택으로 다져지고, 내일의 흔들림을 견뎌냅니다. 식당의 하루에서 작은 선택이 덕으로 쌓일 때 마음은 단단해지고 삶은 중심을 되찾습니다.

칭찬이 오면 감사하되 머물지 말고, 담담히 흘려보내십시오. 그리고 그 평정이야말로 오래가는 힘입니다.

비난의 화살은 두렵지 않다

비난이 네 영혼을 해치지 못한다면, 그것은 아무것도 아니다.

- 『명상록』 4장 8절 -

이 문장은 자기 통제의 선언입니다. 마르쿠스 아우렐리우스는 황제로서 찬사와 비난이 하루에도 몇 번씩 뒤집히는 세계에 살았습니다. 어떤 이는 그를 철인으로 불렀고, 또 어떤 이는 냉혹한 폭군이라 단정했습니다.

그는 한 가지를 분명히 했습니다. 말은 나를 규정하지 못한다. 나를 바꾸는 것은 오직 나의 선택과 행동뿐이다. 『명상록』의 핵심은 바로 이 선을 지키는 법입니다.

식당에서도 비난은 불쑥 찾아옵니다. 예컨대 배달 지연이 발생했을 때를 떠올려 보십시오. 도로 통제나 라이더 배정 문제처럼 가게가 통제할 수 없는 변수가 생겨도 모든 화살은 가게로 향합니다.

비난을 그대로 받아들이면 마음은 급격히 흔들립니다. 그러나 아우렐리우스는 말합니다. 비난이 나를 바꾸지 못한다. 사실을 확인하고, 필요한 조치를 실행하고, 정확한 안내를 통해 오해를 해소합니다.

또 다른 장면을 보겠습니다. 식재료 폐기가 불가피해진 날, "관리 소홀"이라는 비난이 나올 수 있습니다. 그러나 덕의 기준으로 보면 질문은 달라집니다.

보관 온도는 정확했는가?

유통기한 관리는 작동했는가?

재발 방지 프로세스는 마련되었는가?

이 질문에 정직하게 답하고 개선한다면 비난은 정보로 전환됩니다.

아우렐리우스가 말한 평온은 바로 여기서 생깁니다. 비난을 정체성으로 받아들이지 않고, 데이터로 환원하는 능력입니다.

근무표 변경을 둘러싼 불만도 마찬가지입니다. 어떤 선택을 해도 모두를 만족시킬 수는 없습니다. 이때 "사람들이 뭐라 할까"에 기준을 두면 결정은 지연되고 더 불안해집니다.

반대로 공정성, 예측 가능성, 사전 고지라는 덕에 기준을 두면 선택은 단순해집니다. 비난은 잠시 일어났다가 사라집니다.

아우렐리우스가 경계한 것은 비난에 의사 결정권을 넘기는 태도였습니다.

그는 스스로에게 되물었습니다.

"나는 올바르게 살고 있는가?"

이 질문은 식당에서 이렇게 바뀝니다.

"나는 기준을 지켰는가?"

기준을 지켰다면 비난은 외부의 소리일 뿐입니다. 기준을 어겼다면, 비난이 없어도 고쳐야 합니다. 이 구분이 서면 마음은 흔들리지 않습니다. 비난이 나를 고치게 하지도, 망가뜨리지도 않습니다. 나를 바꾸는 것은 오직 나의 의지와 행동입니다.

환경 민원 같은 민감한 사안에서도 이 철학은 힘을 발휘합니다. 소음 기준을 준수했고, 안내와 조정 절차를 밟았다면 비난은 사실 판단을 넘어서지 못합니다.

반대로 기준을 놓쳤다면, 비난이 없더라도 바로잡아야 합니다. 아우렐리우스의 말처럼, 중요한 것은 남이 나를 뭐라 부르는지가 아니라 내가 어떤 선택을 반복하는가입니다.

비난에 휘둘리는 것은 남의 말을 내 영혼의 열쇠로 만드는 일입니다. 식당에서 이 열쇠를 건네주지 않는 가장 확실한 방법은 기준의 문서화입니다. 감정의 파도 속에서도 방향을 잃지 않게 합니다. 비난은 문을 두드릴 순 있어도 안으로 들어올 수는 없습니다.

아우렐리우스가 말한 덕은 일관성입니다. 오늘의 바쁨이 내일의 기준을 바꾸지 않게 하는 힘. 비난이 클수록 이 일관성은 더 빛납니다. 직원은 그 일관성을 신뢰하고, 운영은 안정됩니다. 역설적으로, 비난을 덜 의식할수록 현장은 더 단단해집니다.

비난은 소리이고, 덕은 구조입니다. 소리는 사라지지만 구조는 남습니다. 타인의 평가가 잠잠해질 때를 기다리지 마십시오. 평가 속에서도 흔들리지 않는 자신을 세우는 것이 진정한 평온입니다.

식당의 하루에서 이 평온은 선택으로 증명됩니다. 기준을 지키는 선택, 사실로 응답하는 선택, 개선으로 말하는 선택. 그 선택들이 쌓일 때, 비난은 더 이상 나를 규정하지 못합니다.

비교는 자신을 해친다

타인과 자신을 비교하지 말라. 그것은 영혼을 병들게 한다.

-『명상록』6장 48절 -

이것은 경쟁을 부정하는 선언이 아니라, 기준을 바로 세우라는 경고입니다. 마르쿠스 아우렐리우스는 인간이 왜 쉽게 지치고 왜 자신의 길을 잃는지를 정확히 보았습니다.

비교는 겉으로는 성장의 동력처럼 보이지만, 실제로는 영혼의 중심을 바깥으로 끌어내는 힘이라는 사실을 그는 꿰뚫었습니다.

『명상록』에서 그가 말한 비교의 위험은 단순합니다. 위를 보면 좌절하고, 아래를 보면 교만해진다는 것. 어느 쪽이든 나 자신과 멀어지는 길입니다.

식당에서 비교는 아주 일상적으로 작동합니다. 인근 가게의 평균 가격을 알게 되는 순간, 마음은 즉시 흔들립니다.

"우리가 너무 싼가?"

"우리가 너무 비싼가?"

이 질문은 합리적으로 보이지만, 곧 기준을 흐립니다. 가격을 올리면 품질과 서비스가 함께 따라와야 합니다. 가격을 내리면 회전과 인력 배치가 바뀌어야 합니다. 비교는 이 맥락을 생략합니다.

아우렐리우스의 조언은 여기서 분명해집니다. 남의 기준을 빌려 판단하지 말라. 내 구조에서 감당할 수 있는 선택인지가 유일한 질문입니다.

회전율 비교도 비슷합니다. 어떤 가게는 빠르고, 어떤 가게는 느립니다. 빠름을 부러워하며 무작정 회전을 올리면, 음식의 완성도와 고객 경험이 깨집니다. 느림을 부끄러워하며 서두르면, 직원 간 호흡이 무너집니다. 비교는 방향을 제시하지 않습니다. 그저 속도를 강요할 뿐입니다.

아우렐리우스가 말한 올바른 비교는 하나뿐입니다. 어제의 나보다 오늘의 내가 나아졌는가, 우리 가게의 리듬에서 어제보다 준비가 정확해졌는지, 전달이 명확해졌는지, 손실이 줄었는지 이런 질문만이 성장을 낳습니다.

메뉴 수 비교도 흔한 함정입니다. 남은 많고, 우리는 적어 보일 때 불안이 생깁니다. 그러나 메뉴는 많을수록 관리가 어렵고, 적을수록 밀도가 필요합니다. 비교는 이 균형을 지우고 불필요한 확장을 부릅니다.

아우렐리우스의 철학은 확장을 금하지 않습니다. 다만 기준을 묻습니다. 추가한 메뉴가 우리의 공정과 역량을 강화하는지, 아니면 비교하기 위한 구색 갖추기인지. 전자는 덕이고, 후자는 소모입니다.

현대의 비교는 데이터로 합니다. 방문자 수, 체류 시간, 클릭 수 등 식당에서도 수치들은 중요합니다. 그러나 수치를 정체성의 잣대로 삼는 순간 문제가 생깁니다. 수치가 오르면 자만하고, 떨어지면 자책합니다.

이 감정의 진폭은 운영을 불안정하게 만듭니다. 아우렐리우스가 경계한 병은 바로 이 진폭입니다. 비교는 끝이 없고, 끝이 없다는 사실이 영혼을 병들게 합니다.

식당에서는 이것이 매우 구체적입니다. 오늘의 폐기율은 어제보다 줄었는가, 오더 착오는 감소했는가, 메뉴 설명은 개선

되었는가. 이 통제 가능한 지표들에 집중하면 마음은 안정되고, 개선이 일어납니다.

식당 문화에도 비교는 해롭습니다. 다른 가게의 방식이 더 좋아 보일 수 있습니다. 그러나 맥락을 떼어낸 모방은 갈등을 낳습니다.

아우렐리우스의 기준은 맥락입니다. 우리 팀의 숙련도, 근무시간, 역할 분담. 이 조건 안에서 어제보다 명확해졌는지를 묻는 것입니다. 비교는 직원들을 분열시키고 시스템 기준은 직원들을 결속시킵니다.

현대 사회는 비교를 끊임없이 부추깁니다. 그러나 식당처럼 현장의 밀도가 중요한 일에서는 비교가 독이 되기 쉽습니다. 비교의 굴레에서 벗어나는 방법은 간단합니다. 질문을 바꾸는 것입니다.

"남은 어떻게 하나?"가 아니라 "우리는 오늘 무엇을 더 잘했나."

마음을 안으로 돌려놓고, 선택의 주도권을 되찾게 합니다.

"어제의 나를 향해 거울을 돌릴 때 비로소 영혼은 본래의 빛을 되찾는다."

이 말은 자기 책임입니다. 비교를 내려놓는 순간, 핑계도 함께 사라집니다. 남을 탓할 이유가 없어지고, 나를 고칠 여지가 생깁니다. 그 여지 위에서 성장은 실제가 됩니다.

비교는 결국 자신을 해칩니다. 기준을 밖에 두기 때문입니다. 아우렐리우스의 철학은 기준을 안으로 돌려놓습니다. 그곳에서 평온은 생기고, 성장은 지속됩니다. 식당의 긴 길에서 이 기준은 가장 믿을 만한 나침반입니다.

남의 눈에 맞추지 말라

남의 눈에 맞추지 말라.

그대의 영혼은 그들의 노예가 되기 위해 태어나지 않았다.

- 『명상록』 6장 16절 -

이것은 자기 주권을 회복하라는 선언입니다. 마르쿠스 아우렐리우스는 자유를 이렇게 정의했습니다. 자유란 타인의 기대를 충족시키는 것이 아니라 자기 양심에 충실한 것입니다.

그는 황제의 자리에서 수많은 사람들의 기대와 요구가 어떻게 한 사람을 가면의 뒤로 밀어 넣는지 보았습니다. 오늘은 이 기대, 내일은 저 기대에 맞추다 보면 결국 남는 것은 피로함과

절망뿐이고, 정작 '나'는 없습니다.

식당에서 이 가면은 아주 실용적인 얼굴로 다가옵니다. 예컨대 손님들이 영업시간 연장을 요구한다고 생각해 보십시오.

어떤 손님은 더 늦게까지 열어달라 하고, 어떤 이는 아침 일찍 열어주기를 원합니다. 모두의 눈에 맞추려면 근무표는 늘 예외로 가득 차고 규칙은 지키기 어려울 것입니다.

아우렐리우스의 질문으로 바꾸면 길이 보입니다.

"이 선택이 우리의 양심(직원의 안전, 품질의 지속, 예측 가능성)에 부합하는가?"

그 질문에 '아니오'라면, 손님에게 안도감을 주는 시간 연장은 결국 영혼을 속이는 선택이 됩니다.

손님들의 다양한 맞춤 요구도 비슷한 문제를 만듭니다. 특정 식단, 취향, 변경 요청이 쌓일수록 현장은 즉각적인 만족을 제공할 수 있을진 몰라도 기준은 허물어집니다. 모든 요청에 맞추려는 마음은 친절처럼 보이지만, 실제로는 책임의 경계를 무너뜨립니다.

아우렐리우스는 모든 사람을 만족시키려는 시도를 자유의 정반대라고 봤습니다. 식당에서 자유는 "가능과 불가"를 분명히 말할 수 있는 용기입니다. 불가를 말할 때도 존중의 언어를 유지하는 것 그것이 양심에 맞춘 친절입니다.

손님의 시선은 오프라인에만 있지 않습니다. 특정 재료를 넣어 달라, 다른 찌개로 교체해 달라, 포장 용기를 바꿔달라 등 온라인의 기대는 더 빠르고 더 많습니다. 여기에 눈을 맞추기 시작하면 가게의 시스템은 하루가 다르게 바뀝니다. 시스템이 계속 바뀌면 약속이 깨지고, 약속이 깨지면 신뢰는 무너집니다.

아우렐리우스의 조언은 단순합니다. 불필요한 시선을 거두고 자기중심에 집중하라. 지킬 수 있는 약속만 하고 화려하지 않아도 지속 가능한 언어가 영혼을 자유롭게 합니다.

브랜딩 요구에서도 같은 시험이 옵니다. 더 '대중적'이어야 한다는 압박으로 모두의 눈을 만족시키려 하면 정체성은 흔들립니다.

아우렐리우스는 자유가 기준의 일관성에서 온다고 봤습니다. 식당의 기준은 분명합니다. 어떤 경험을 제공하는가, 지키는 가치는 무엇인가? 이 질문에 답이 서 있으면 유행의 시선은 스쳐 지나갑니다. 가면을 쓰지 않아도 됩니다.

공공의 기대도 식당 운영에 부담을 줍니다. 친환경, 상생, 지역, 기여 모두 중요한 가치입니다. 실제로 지킬 수 있는 범위 내에서 차분히 실천하고 과장하지 않는 것이 아우렐리우스의 양심입니다.

남의 눈에 맞추려는 마음은 순간의 안도감을 줍니다. 갈등이 줄어든 것처럼 보이고, 불편한 말이 필요 없는 평온이 옵니다. 그러나 그 평온은 오래가지 않습니다. 다음 요구가 오면 더 큰 가면이 필요해집니다.

아우렐리우스는 이 악순환을 끊으라고 말합니다. 남의 눈이 아니라 정직, 일관성, 책임의 덕에 맞추라고, 그래야 그 한 걸음이 영혼을 가볍게 합니다.

식당의 하루에서 이 철학은 선택으로 드러납니다. 손님의 요청을 듣고 바로 기준을 확인하는 잠깐의 멈춤, 가능한 이유와 불가능한 이유를 친절히 설명하는 태도, 직원과 손님 모두에게 예측할 수 있는 운영은 소란스럽지 않게 자유를 축적합니다.

"진정한 자유는 외부의 시선에서 벗어날 때가 아니라, 내면의 시선을 바로 세울 때 시작된다."

아우렐리우스의 이 통찰은 식당처럼 시선이 많은 세계에서 더 빛이 납니다. 그때 우리는 더 이상 가면을 쓰시 않아도 되며 덕에 맞춘 한 걸음, 그 한 걸음이 영혼을 자유롭게 만듭니다.

3부

삶의 기준을 내 안에 두다

삶의 기준이 타인의 기대일 수 없다

다른 이들의 기대는 네 덕의 척도가 될 수 없다.

- 『명상록』 4장 3절 -

책임의 주인을 분명히 하라. 마르쿠스 아우렐리우스는 황제로서 상충하는 기대를 동시에 짊어졌습니다. 백성은 안정과 관용을, 원로원은 정치적 균형을, 군대는 승리를 요구했습니다.

그는 그 모든 기대를 만족시키는 것이 불가능하다는 사실을 냉정하게 받아들였습니다. 그래서 『명상록』에서 기준은 밖이 아니라 안에 있어야 한다고 분명히 말합니다.

식당에서도 기대는 늘 겹치고 충돌합니다. 점심 손님은 빠른 서빙을 기대하고, 저녁 손님은 여유와 편안함을 기대합니다. 배달 고객은 속도를, 매장 고객은 경험을 원합니다. 이 모든 기대를 동시에 충족시키려 들면 운영이 힘들어집니다.

"점심, 저녁 시간대별로 다른 기준을 제시하고, 그 기준을 지키며 배달은 라이더의 상황을 공유한다."

이렇게 하면 모두를 만족시키지는 못해도, 예측 가능성을 제공하게 되어 불만을 줄이고 신뢰를 쌓을 수 있습니다.

메뉴 구성에서도 전통의 맛을 기대하는 손님과 변화를 기대하는 손님이 동시에 존재합니다. 모두의 기대를 섞으면 정체성은 흐려집니다. 대신 기준을 묻습니다.

"우리가 지키는 맛의 핵심은 무엇인가?"

이것이 아우렐리우스가 말한 덕 중심의 선택입니다.

음식의 가격은 기대의 압력이 가장 큰 영역입니다. 부담 없는 가격을 바라는 기대와 높은 품질을 바라는 기대가 충돌합니다. 이때 덕을 기준으로 삼으면 질문이 달라집니다.

"이 가격은 우리가 지킬 수 있는 품질을 가능하게 하는가."

이 질문에 '예'라고 답할 수 있다면, 비난이 있어도 기준을 유지합니다. 그는 타인의 기대를 만족시키는 능력이 아니라, 자기 기준을 지키는 용기를 덕으로 보았습니다.

인력 운영도 마찬가지입니다. 손님의 즉각적인 응대 요구에 대한 기대는 서버들의 적절한 휴식과 보상에서 따라옵니다. 손님의 기대만을 그대로 받아들이면 과로와 이탈이 발생합니다. 그러므로 기준을 세우고 설명이 필요해집니다.

"이 시간에는 이만큼의 서비스가 제공됩니다."

설명은 불편을 줄이고, 기준은 사람을 지킵니다. 아우렐리우스의 덕은 개인의 선함이 아니라 합리적인 구조에서 드러납니다.

그는 기대를 무시하라고 말하지 않았습니다. 참고하지만 종속되지 말라고 했습니다. 식당에서 이는 손님에게 결정권을 넘기지 않는 태도입니다.

"타인의 기대는 참고할 수 있지만, 삶의 기준은 나 자신이 세워야 한다."

이제 모두를 만족시키려는 굴레에서 벗어나, 지킬 수 있는 한 가지를 분명히 하십시오. 그 기준 위에서 선택을 계속할 때, 마음은 가벼워지고 운영은 견고해집니다. 아우렐리우스가 말한 평온은 기대가 사라질 때 오는 것이 아니라, 기대 속에서도 기준을 잃지 않을 때 찾아옵니다.

덕을 좇아라

존경보다 덕을 좇아라. 덕은 흔들리지 않는다.

- 『명상록』 7장 63절 -

이 문장은 지속 가능한 삶의 설계도입니다. 마르쿠스 아우렐리우스는 『명상록』에서 반복해 말합니다. 존경은 바람처럼 변하지만, 덕은 상황에 흔들리지 않는다.

존경은 남이 주고 거두는 것이지만, 덕은 스스로 지켜내는 선택의 축적이라는 것. 그래서 그는 "존경보다 덕을 쫓아라"라고 단호히 말했습니다.

위생과 안전 훈련에서도 차이가 드러납니다. 외부 평가를 의식해 점검 전날만 반짝 정리하는 것은 존경을 좇는 태도입니다. 덕을 좇는 태도는 다릅니다. 평소의 동선, 기록, 교육을 유지합니다. 조명 아래에서만 빛나는 명예와 달리, 덕은 바쁜 시간, 인력 공백 상태에서도 작동합니다. 이때 사고가 줄고, 직원들은 기준을 신뢰합니다.

원가 관리와 폐기율 감소도 마찬가지입니다. "인색하지 않은 식당"으로 보이고 싶어 재료 낭비를 방치하면, 결국 품질과 가격에 타격을 받습니다. 덕은 절제입니다. 정확한 계량, 합리적인 사전준비에 의한 절제는 과시적이지는 않지만, 장기적으로 품질을 유지합니다.

아우렐리우스가 말한 덕은 일관성입니다. 예컨대 클레임 대응에서 즉각적인 공개 사과로 칭찬을 얻는 길이 있을 수 있습니다. 그러나 사실 확인과 재발 방지까지 책임지는 조용한 대응이 진짜 덕입니다. 신뢰는 조용하지만 오래 남습니다.

존경을 좇는 삶은 늘 불안합니다. 시선이 바뀌면 방향을 다시 바꿔야 하기 때문입니다. 덕을 좇는 삶은 고요합니다. 기준이 같으니, 선택이 빠르고, 설명이 단순합니다. 식당의 하루에서 이 고요함은 큰 힘이 됩니다. 바쁠수록 판단이 흔들리지 않게 합니다.

"진정한 존경은 덕을 좇는 사람에게 자연스레 찾아온다."

이 말의 핵심은 '자연스레'입니다. 의도하지 않았고 꾸준히 지켰을 때, 존경은 따라옵니다. 존경이 따라오지 않아도 괜찮습니다. 이미 덕으로 식당 운영을 하고, 그 마음을 지켰기 때문입니다.

존경을 목표로 삼지 마십시오. 지킬 수 있는 기준을 목표로 삼으십시오. 그 기준을 오늘 한 번, 내일 또 한 번 선택하십시오. 명예는 조명 아래서만 빛나지만, 덕은 언제나 스스로 빛납니다.

내 양심을 따르라

너의 내면의 신을 지켜라.

타인의 말보다 네 양심의 목소리를 따르라.

- 『명상록』 5장 27절 -

이 문장은 고립을 권하는 말이 아니라, 판단의 최종 책임을 되찾으라는 요청입니다. 마르쿠스 아우렐리우스는 인간의 평온이 어디서 오는지를 분명히 했습니다.

칭찬과 비난은 시시각각 바뀌지만, 양심의 목소리는 변하지 않는다는 사실입니다. 그는 그것을 "내면의 신"이라 불렀고, 어떤 상황 속에서도 지켜야 할 기준으로 삼았습니다.

식당에서 이 기준은 매일 시험받습니다. 예를 들어 원재료 선택의 순간을 보십시오. 더 싸고 편한 선택이 있고, 조금 비싸지만 정직한 선택이 있습니다. 외부의 말은 후자를 "비효율"이라 부를 수 있습니다.

그러나 알레르기, 원산지, 공정에 대해 스스로 떳떳하냐는 질문에 '예'라고 답할 수 있다면, 그 선택은 양심에 맞습니다.

알레르기 고지에서도 양심은 분명합니다. "괜히 적어두어 손님을 불안하게 만들지 말자"라고 할 수도 있습니다. 하지만 사실을 숨기지 않는 선택은 단기 반응보다 사람의 안전을 기준에 둡니다.

남의 말은 잠깐 흔들지만, 양심은 오래 지탱합니다. 그는 외부의 평가가 아니라 내면의 진실을 따를 때 삶이 안정된다고 보았습니다.

폐기 처리와 기부의 선택에서도 양심은 등불처럼 작동합니다. 규정과 위생을 지키는 선에서 가능한 기부를 고민하는 일은 눈에 띄지 않습니다. 그러나 이 조용한 결정은 자신에게 명확합니다.

"나는 옳은 일을 했다."

남의 말이 아니라, 내가 나를 승인하는 순간입니다.

현대 사회는 평가의 속도가 빠릅니다. 댓글 하나, 별점 하나가 하루의 기분을 좌우합니다. 식당도 예외가 아닙니다.

그러나 아우렐리우스의 가르침은 단순합니다. 남의 말은 신호일 뿐, 기준이 아니다. 기준은 양심에 있습니다. 양심은 바람 속에서도 꺼지지 않는 등불처럼, 방향을 조용히 비춥니다.

"타인의 말보다 내 양심의 목소리를 따르라."

식당의 하루에서 이 평온은 결정의 속도를 높이고, 설명을 단순하게 하며, 운영을 단단하게 만듭니다. 남의 말은 지나가고, 양심은 남습니다. 그 빛을 따라갈 때, 우리는 더 이상 휘둘리지 않습니다.

자신에게 정직하라

스스로에게 정직하라. 그것이 모든 덕의 근원이다.

- 『명상록』 10장 33절 -

이 문장은 도덕적 훈계가 아니라 판단의 정확도를 지키는 기술입니다. 마르쿠스 아우렐리우스는 모든 덕의 출발점을 정직에 두었습니다. 이유는 단순합니다.

자기기만이 시작되는 순간, 판단은 흐려지고 외부의 평가에 취약해지기 때문입니다. 내 안에 거짓이 많을수록 남의 말은 더 크게 들립니다. 반대로 스스로에게 정직하면 소음은 적어집니다.

식당에서 이 정직은 선택으로 드러납니다. 원가 압박이 올 때, 눈에 띄지 않는 선에서 재료의 양을 줄이고 싶어질 수 있습니다. 하지만 스스로에게 묻는 말은 하나입니다.

"나는 지금 사실을 숨기고 있는가."

정직은 손님을 설득하기 위한 전략이 아니라, 내 양심과 맺는 약속입니다. 약속을 지키면 마음은 고요해지고, 설명은 단순해집니다. 숨길 것이 없으니 흔들릴 이유도 없습니다.

현금 정산 시에도 정직은 기준을 세웁니다. 잔액 오차를 '대충' 넘기면 당장은 편합니다. 그러나 그 작은 타협이 쌓이면, 내부 신뢰는 무너집니다.

정직은 불편함을 감수하고 기록을 맞추는 선택입니다. 이 선택은 판단의 선명함을 남깁니다. 아우렐리우스가 말한 평온은 이런 선명함에서 옵니다.

자기 점검에서도 정직은 핵심입니다. 매출이 기대에 못 미친 날, 원인을 외부로만 돌리기 쉽습니다. 날씨, 상권, 행사, 신규 매장. 그러나 정직은 질문을 안으로 돌립니다.

"준비는 충분했는가? 응대는 정확했는가? 친절은 적절했는가?"

이 질문은 개선이 필요한 지점을 드러냅니다. 자기기만을 걷어낼수록 개선은 실제가 됩니다.

직원 소통에서도 마찬가지입니다. 리더가 잘못된 판단을 숨기면 식당은 불안해집니다. 정직은 완벽을 의미하지 않기에 잘못을 인정하는 순간 기준이 회복됩니다. 정직은 약함의 고백이 아니라 신뢰의 토대입니다.

아우렐리우스는 정직을 남에게 보여주기 위한 미덕으로 보지 않았습니다. 그는 정직을 자기 자신과의 계약으로 이해했습니다. 그 계약을 지킬 때, 외부의 시선은 더 이상 위협이 아닙니다. 숨길 것이 없기 때문입니다. 숨길 것이 없으면 방어도 필요 없습니다.

"남에게 잘 보이려는 마음보다 더 중요한 것은, 내 양심 앞에서 부끄럽지 않은 것이다."

이 기준은 식당의 하루를 단단하게 만듭니다. 사전준비, 정산, 기록, 설명, 화려하지 않은 작은 정직이 쌓이면 영혼을 맑게 하고 삶을 안정시킵니다.

내 인생은 나의 것

너의 삶은 너의 것이다. 타인은 그 결과를 대신 지지 않는다.

- 『명상록』 12장 36절 -

마르쿠스 아우렐리우스가 끊임없이 이 사실을 되새기는 이 문장은 책임의 선언입니다. 조언은 많고 시선은 복잡하지만, 마지막 결정과 그 결과를 짊어지는 이는 언제나 자신이라는 점입니다.

황제의 자리에서도 그는 이 진실을 놓치지 않았습니다. 타인이 설계도를 그려줄 순 있어도, 그 그림을 끝까지 살아내는 사람은 오직 나뿐이라는 것을 알았기 때문입니다.

식당에서 입지를 선택하는 순간을 떠올려 보았습니다.

"요즘 이 동네가 힙한 곳이야."

"여긴 외지고 사람이 없어서 위험해."

조언은 참고가 되지만 임대료, 시스템, 손님, 운영, 조화를 매일 감당하는 건 바로 나입니다. 남의 뜻에 기대어 결정을 미루면 불안은 줄어드는 것처럼 느껴져도 책임의 무게는 오히려 점점 더 커집니다. 아우렐리우스의 관점에서 질문은 하나입니다.

"이 선택의 결과를 내가 기꺼이 감당할 수 있는가."

그렇다면 그 선택은 진짜 내 것입니다.

식당의 주제를 전환하는데도 마찬가지입니다. 유행을 따르라는 권유나 욕망은 달콤합니다. 그러나 유행의 속도는 빠르고, 전환의 비용은 많이 듭니다. 남의 설계에 기대서 바꾸면 실패의 핑계는 될 수 있겠지만 진짜 내 것은 아닙니다. 반대로 스스로 숙고해 결정하면, 결과가 좋든 나쁘든 경험과 학습은 온전히 내 것이 됩니다.

재무에 관한 선택은 더 뚜렷합니다. 대출 규모와 상환 구조에 대해 주변의 의견은 제각각입니다.

"지금은 공격적으로 가야 한다"

"무조건 보수적으로 가라"

매달 회계장부의 숫자와 마주하는 이는 나입니다. 남의 판단을 빌려 결정을 내리면, 작은 일에도 마음이 크게 흔들립니다. 내 판단으로 결정했을 때만, 필요한 조정과 수정이 가능해집니다. 삶의 주인이라는 감각이 여기서 생겨납니다.

"이날은 쉬면 안 된다"
"이날은 꼭 쉬어야 한다"
모두를 만족시키려 하면 결국 누구도 만족시키지 못합니다. 이때 아우렐리우스의 기준은 나와 식당의 지속 가능성, 품질의 일관성이 기준에 적합하다는 기준이 서면 설명은 간단명료해집니다.

그는 타인의 조언을 배척하지 않았습니다. 다만 결정권을 절대 넘기지 않았습니다. 타인의 조언은 도움이고, 선택은 진짜 발걸음입니다. 발걸음을 대신 옮겨줄 수는 없습니다.

식당에서도 마찬가지입니다. 선택을 남에게 맡길수록, 결과 앞에서 작아집니다. 선택을 내가 해야 결과 앞에서 마음이 당당해집니다.

"삶은 누구의 설계도가 아니라 내가 그리는 한 폭의 그림이다."

다른 이의 붓에 그림을 맡기면 빠르게 채색되지만, 내가 그린 흔적은 없습니다.

아우렐리우스가 황제의 자리에서도 지키려 했던 것은 화려한 성공이 아니라, 선택의 정직함이었습니다. 오늘의 선택이 진정 나의 것인지 묻는 일이 나의 삶을 나의 것으로 만듭니다.

식당의 하루는 크고 작은 선택의 연속입니다. 그 선택을 내가 할 때, 실패는 교훈이 되고 성공은 축적이 됩니다. 타인의 뜻에 휘둘리지 말고, 내 책임으로 결정하라는 이 단순한 원칙이 성장과 평온을 만듭니다. 내 삶은 내가 삽니다. 그 사실을 잊지 않는 한 길은 언제나 열립니다.

자연과 영혼의 제자리

자연은 언제나 제자리를 지킨다.
태양이 항상 떠오르듯, 네 영혼도 제자리를 지켜야 한다.

-『명상록』6장 58절 -

이 말은 힘을 쓰는 방향을 바로잡는 지혜입니다. 마르쿠스 아우렐리우스는 해가 뜨고 강이 흐르듯, 인간 역시 자연 질서의 일부로서 자기 자리를 지킬 때 평온해진다고 보았습니다.

우리가 괴로운 이유는 세상이 어지러워서가 아니라, 세상을 내 뜻대로 통제하려는 욕망 때문이라는 통찰입니다.

식당은 자연의 리듬을 가장 가까이에서 만나는 일입니다. 계절 식재료의 흐름을 보십시오. 특정 재료를 사계절 내내 같은 상태로 유지하는 건 비용과 품질면에서 어려운 일입니다.

반대로 제철에 맞춰 메뉴를 구성하면, 맛은 안정되고 비용은 최소화됩니다. 자연의 이치를 인정하는 순간, 억지로 동원해야 하는 노동이 필요 없어집니다. 아우렐리우스가 말한 조화는 바로 이런 불필요한 저항의 제거입니다.

발효와 숙성의 시간도 같은 가르침을 줍니다. 서두르면 결과를 얻을 수 없고, 기다리면 한층 숙성됩니다. 시간을 앞당기려는 욕망은 품질을 해치지만 자연의 속도를 맞추면, 공정은 쉽고 결과는 예측 가능해집니다. 자연은 이미 길을 알고 있고 인간이 할 일은 그 길을 비틀지 않는 것입니다.

인력 관리에서도 제자리는 중요합니다. 성수기에는 속도를, 비수기에는 정비를 맡기는 것이 자연스럽습니다. 늘 같은 속도를 요구하면 번아웃이 오고, 늘 같은 긴장을 강요하면 품질이 떨어집니다.

흐름에 맞춘 배치, 바쁠 때는 분업, 한가할 때는 교육, 이렇게 자연스러운 질서에 자신을 맞출 때 조직은 저항 대신 회복탄력성을 얻습니다.

영업의 파동도 자연입니다. 늘 같은 날은 없습니다. 파동을 없애려 애쓰면 마음이 요동치지만, 파동을 인정하면 대응이 생깁니다.

준비와 정비, 집중과 휴식. 자연의 질서는 완벽합니다. 바람은 잠시 불고, 잦아듭니다. 그 사실을 받아들이는 순간 조급함은 줄어듭니다.

아우렐리우스의 핵심은 세상을 바꾸지 말라는 게 아니라 바꿀 수 없는 것을 붙잡지 말라는 것입니다. 식당에서는 바꿀 수 없는 것도 많습니다. 바꿀 수 있는 것은 준비, 태도, 기준입니다. 이렇게 구분이 되면 마음은 고요해집니다.

"하늘과 땅의 질서에 자신을 맞추는 순간, 인생은 저항이 아닌 조화의 흐름으로 바뀐다."

오늘의 식당에서도 이 문장은 살아 숨 쉬고 있습니다. 계절을 따르고, 시간을 존중하십시오. 늘 제자리를 지키는 자연과 나를 함께 놓는 순간 평온은 별다른 노력 없이 찾아옵니다.

변화는 법칙이다

모든 것은 변화한다. 변화 자체가 자연의 법이다.

- 『명상록』 4장 36절 -

이 문장은 불안을 달래는 위로가 아니라, 현실을 정확히 읽는 눈입니다. 마르쿠스 아우렐리우스는 『명상록』에서 변화를 파괴가 아닌 순환으로 보았습니다.

모든 것은 흘러가지만 무작위로 흩어지지 않습니다. 흐름에는 질서가 있고, 사라짐은 다음을 위한 준비입니다. 우리가 두려워하는 것은 변화 그 자체가 아니라 익숙함이 사라지는 순간입니다.

식당에서 이 진실은 매일 드러납니다. 오래 쓰던 장비는 어느 순간 잦은 고장을 냅니다. "아직 쓸 수 있다"라는 익숙함에 매달리면, 불시에 멈추는 하루가 옵니다.

반대로 수명을 인정하고 교체 시점을 계획하면, 비용은 예측 가능해지고 운영은 안정됩니다. 아우렐리우스의 관점에서 이는 손실이 아니라 순환의 수용입니다. 강물은 흘러야 맑습니다.

메뉴의 퇴장도 같은 법칙을 따릅니다. 한때 사랑받던 메뉴가 점점 선택받지 못할 때가 옵니다. 붙잡고 늘어지면 동선과 재고가 복잡해집니다.

조용히 내려놓고 다음 계절의 자리를 비워두면, 새 메뉴는 자연스럽게 자리합니다. 잎을 떨어뜨려야 새순이 돋듯, 정리의 용기가 다음을 부릅니다.

인력의 순환 역시 자연입니다. 누군가는 떠나고, 누군가는 합류합니다. 변화를 실패로 해석하면 분위기는 무거워집니다.

반대로 인수인계와 표준을 다듬는 계기로 삼으면 조직은 더 탄탄해집니다. 변화는 사람의 마음을 흔들지만, 체계를 성숙하게 합니다.

공급망의 이동도 불가피합니다. 조건이 바뀌고, 거래가 종료

되기도 합니다. 이때 억지로 되돌리려 애쓰면 품질과 일정이 흔들립니다. 변화를 인정하고 대안을 시험하면, 위험은 분산되고 선택지는 넓어집니다. 세상은 변화를 통해 자신을 새롭게 합니다.

아우렐리우스의 지혜는 변화를 멈추라는 말이 아닙니다. 변화의 방향을 읽으라는 말입니다. 바꿀 수 없는 흐름(시간·계절·사람의 이동)은 받아들이고, 바꿀 수 있는 것(준비·기준·전환의 속도)은 다듬는 구분이 서면 마음은 고요해집니다.

"진정한 지혜는 변화를 멈추는 데 있지 않다. 그 순환을 이해하고 그 안에서 조화를 이루는 데 있다."

식당의 하루에서 이 지혜는 실천으로 완성됩니다. 교체할 것은 제때 교체하고, 내려놓을 것은 품위 있게 내려놓으며, 올 것을 위한 자리를 비워두는 것. 변화는 파괴가 아니라 살아있음의 증거입니다. 그 흐름을 받아들일 때, 평온은 따라옵니다.

계절은 삶의 거울이다

계절의 변화 속에서 삶의 법칙을 배워라.

- 『명상록』 6장 15절 -

삶을 다루는 기준으로 삼아도 좋습니다. 마르쿠스 아우렐리우스는 인간을 자연의 질서 안에 있다고 보고, 그 삶을 계절처럼 순환하는 과정으로 보았고, 각 시기를 억지로 바꾸려 하지 않을 때 진정한 평정이 생긴다고 말했습니다. 봄에는 시작을, 여름에는 성장을, 가을에는 결실을, 겨울에는 휴식을 허락하는 것, 그 자체가 지혜라는 통찰입니다.

식당은 이 계절의 은유를 가장 현실적이고 직접적으로 보여주는 곳입니다. 가게의 하루를 보십시오. 동이 트기 전 새벽에 문을 열면 햇살의 봄과 같습니다. 부지런히 메뉴를 준비하고, 청소와 정리를 하며 고객을 맞을 준비를 하는 시기입니다. 봄에 열매를 재촉할 수는 없습니다.

아우렐리우스의 관점에서 이 시기의 덕은 조급함을 버리고 관찰하고 준비하는 태도입니다. 무엇이 작동하는지, 과하고 부족한 것을 조정하는 일이 봄의 미덕입니다.

이제 성장의 계절 여름이 옵니다. 손님들이 들어오시고, 주문이 늘고, 서버들은 바빠지며, 시스템은 한껏 힘을 발휘합니다. 이때 필요한 평정은 지속 가능한 속도를 지키는 것, 절제입니다. 매출에만 집중하다 손님들께 소홀해지는 과열 양상을 피하기 위함입니다.

아우렐리우스가 말한 절제는 여름에 가장 빛납니다. 더 많이가 아닌 제대로 된 선택. 성장기에는 늘릴 것과 지킬 것을 구분하는 능력이 덕이 됩니다.

가을은 결실의 계절입니다. 식당에서는 매출을 확인하고 정리정돈을 하는 시간입니다. 하루의 성과를 점검해서 잘된 선택은 표준으로 삼으며, 불필요한 요소는 덜어냅니다. 또한 가을의 미덕은 감사와 겸손입니다. 우리를 여기까지 무사히 인도해준 모든 것들을 인정하고 감사하며 다음을 준비해야 합니다.

아우렐리우스는 결실이 자만이 되지 않도록 경계했습니다. 수확은 다음 순환을 준비하는 단계이기 때문입니다. 가을에 가지치기를 하지 않으면 다음 봄의 새순은 약해집니다.

겨울은 휴식의 계절입니다. 식당에서 겨울은 종종 비수기인데 이 시기를 실패로 해석하면 안 됩니다. 손님이 줄어 어렵다고 하는 대신 다가올 봄을 준비해야 합니다. 겨울은 멈춤이 아닙니다. 회복과 준비의 시간입니다. 지식을 습득하고, 데이터를 정리하며, 설비와 장비를 점검합니다.

아우렐리우스의 평정은 겨울을 부정하지 않는 태도에서 옵니다. 쉼을 허락하는 용기, 속도를 늦추는 지혜. 겨울이 있어야 봄의 시작이 힘을 얻습니다.

이 계절의 은유는 개인의 삶에도 그대로 적용됩니다. 젊음의 봄에는 방향을 탐색하고, 장년의 여름에는 책임을 감당하며, 성숙의 가을에는 의미를 정리하고, 노년의 겨울에는 지혜를 나눕니다. 어느 계절도 빠질 수 없습니다. 문제는 계절에 맞지 않을 때 생깁니다.

봄에 여름의 성장을 요구하고, 겨울에 가을의 수확을 강요하면 조화와 질서는 깨집니다. 아우렐리우스는 모든 계절을 자연 그대로 받아들이는 것이 평온이라고 말했습니다.

식당의 하루에서도 이 수용은 구체적인 선택으로 드러납니다. 바쁜 날에는 분업과 단순화를, 한가한 날에는 점검과 개선을 택하는 것. 성수기에는 기준을 지키는 절제를, 비수기에는 배움을 택하는 겸손을 선택하는 것. 계절을 거스르지 않으면 에너지는 낭비되지 않고 저항이 줄어들수록 경영은 효율적이고, 판단은 선명해집니다.

아우렐리우스의 지혜는 지금의 계절에 맞는 일을 하라는 말입니다. 지금이 어떤 계절인지 알아차리면 불필요한 비교와 조급함은 사라집니다. 지금 이 순간에 맞는 선택을 했다는 확신이 마음을 안정시킵니다.

"모든 계절에는 존재의 이유가 있다."

삶을 계절처럼 바라보면, 우리는 덜 다그치고 더 이해하게 됩니다. 식당에서도, 인생에서도 마찬가지입니다.

시작을 시작답게, 성장을 성장답게, 결실을 결실답게, 쉼을 쉼답게, 그 질서에 자신을 맞출 때, 삶은 저항이 아니라 조화로운 흐름이 됩니다.

욕망의 착시

자연은 늘 충만하다. 부족은 우리의 욕망이 만든 환상이다.

- 『명상록』 6장 44절 -

이 문장은 삶과 일을 바라보는 시선의 전환입니다. 마르쿠스 아우렐리우스는 인간이 느끼는 결핍의 상당 부분이 실제 부족이 아니라 욕망이 만들어낸 착시라고 보았습니다.

자연은 언제나 필요한 만큼을 주고, 넘치지도 모자라지도 않게 순환합니다. 그런데 인간은 그 흐름 위에 '더'를 얹고 자신을 불안하게 만듭니다.

식당에서 이 착시는 매우 구체적으로 나타납니다. 예를 들어 매출의 크기를 떠올려 보십시오. 하루 매출이 어제보다 줄었을 때, 곧바로 "부족하다"라는 판단이 올라옵니다. 그러나 조금만 시선을 바꾸면 어떨까요?

"오늘의 매출이 오늘의 비용과 노동을 감당했다."

"품질과 가게의 정체성을 유지했다."

이러면 오늘은 충분한 것입니다. 자연이 하루치 햇빛과 바람을 주듯, 가게도 오늘에 필요한 만큼을 받았을 뿐입니다.

식재료 발주에서도 철학은 실천적입니다. 늘 넉넉히 쌓아두어야 안심이 되는 마음은 이해할 만합니다. 하지만 과잉은 폐기와 원가율 상승으로 돌아오고 폐기는 다시 결핍으로 이어집니다.

반대로 필요한 만큼만 보유하고 회전을 높이는 구조를 만들면 냉장고와 창고는 가벼워지고 깨끗이 안정됩니다. 자연은 한꺼번에 열매를 맺지 않습니다. 시기에 맞춰 노력한 만큼 내어줍니다. 이 질서를 따를 때 경영은 안정됩니다.

메뉴 확장 욕망도 결핍의 착시를 키웁니다.

"이 메뉴도, 저 메뉴도 하나씩 있어야 하지 않을까?"

이런 욕심은 끝이 없습니다. 하나를 채우면 또 다른 빈자리가 보입니다.

그러나 실제로 영업해 보면 몇 개의 핵심 메뉴들이 가게 매출의 대부분을 지탱합니다. 충만은 양의 많음이 아니라 집중에서 옵니다. 아우렐리우스가 말한 욕망의 착시는 이미 충분한 것을 보지 못하게 만드는 마음을 내려놓는 것입니다.

직원 운영에서도 마찬가지입니다. 늘 사람이 부족하다고 느끼는 가게가 많습니다. 하지만 들여다보면 역할 분담과 동선이 잘 정리되지 않은 경우가 많습니다.

자연은 각 존재를 제자리에 둡니다. 제자리에 서면 적은 힘으로도 균형이 잡힙니다. 역할을 명확히 하고, 업무를 공유하면 "부족하다"라는 말은 줄어듭니다. 부족은 머릿수의 문제가 아닙니다.

아우렐리우스는 인간이 왜 평온을 잃는지 정확히 짚었습니다. 더 가지려는 마음이 불안을 만들고, 더 채우려는 욕망이 현재의 충분함을 보이지 않게 합니다.

식당에서 이 욕망은 '다음 단계'라는 착시로 자주 나타납니다. 다음 매장, 다음 메뉴, 다음 성과. 물론 성장이 필요하지 않다는 것이 아닙니다. 그러나 지금을 결핍으로 규정한 채 시작되는 다음은 정서를 메마르게 합니다. 자연의 방식은 오늘의 충만 위에 다음 순환을 얹습니다.

가격 정책에서도 충만의 철학은 유효합니다. 더 받지 못해 손해라는 생각은 즉각적인 긴장을 낳습니다. 그러나 가격이 품질과 노동을 정당하게 지탱한다면 이미 충분한 것입니다. 자연은 늘 '최대'를 추구하지 않습니다. 적정선을 지킵니다. 적정선이 무너지면 균형이 깨지고 그것은 결국 더 큰 손실로 이어집니다.

"부족은 욕망이 만든 환상이다."

이것은 만족하라는 말이 아니라 정확히 바르게 보라는 말입니다. 무엇이 정말 부족하고 무엇이 이미 충분한지를 구분하라는 말입니다. 구분이 되면 선택은 단순해지고 마음은 한결 가벼워집니다.

식당의 하루에서 충만함은 소란스럽지 않습니다. 냉장고가 정리되어 있고, 메뉴가 명확하며, 팀의 호흡이 맞고, 오늘의 손님이 만족했다면, 그 하루는 이미 풍요롭습니다. 더 많은 것을 가지지 않아도, 지금 주어진 것을 감사히 느끼면 평온은 찾아옵니다. 아우렐리우스가 말한 진정한 풍요입니다.

자연은 언제나 충만합니다. 그 안에서 우리도 충만한 존재입니다. 이 사실을 받아들이는 순간, 결핍은 사라지고 삶은 다시 제자리를 찾을 것입니다.

전체 속 작은 부분

너는 전체의 일부다. 그 사실을 깨달을 때 비로소 자유롭다.

- 『명상록』 10장 6절 -

삶의 무게에 대한 마르쿠스 아우렐리우스의 통찰입니다. 그는 인간을 자연의 거대한 질서 속 한 조각으로 보았고 그 사실을 받아들이는 순간 오히려 자유가 온다고 말했습니다.

모든 것을 내 뜻대로 바꾸려는 욕망은 탐욕을 키우지만, 내 몫을 다하면 충분하다는 자각은 마음을 가볍게 합니다.

식당 하나가 잘 돌아가기 위해서는 산지, 운송, 포장, 도매, 검수 등 보이지 않는 수많은 연결망이 필요합니다. 자신이 흐름의 일부임을 인정하는 태도는 중요합니다.

문제를 개인의 실패로 확대하지 않고, 과정의 한 지점으로 분리해 다루기 때문입니다. 아우렐리우스가 말한 겸손은 역할의 정확한 인식입니다.

상권과 이웃의 관계도 마찬가지입니다. 식당은 동네의 중심이 아니라 동네의 일부입니다. 소음, 주차 같은 문제를 "우리 장사"의 관점에서 밀어붙이면 갈등은 깊어집니다.

하지만 동네의 흐름 속에서 내가 맡은 자리를 돌아보면 해법이 보입니다. 영업시간의 안내, 쓰레기 배출 시간 준수, 동네 행사에 협조 등 작은 선택들이 관계에 윤활유 역할을 합니다. 전체 중 일부임을 아는 사람은 지배하려 하지 않고 동참하고 조율합니다.

음식물쓰레기와 분리배출에서도 이 철학은 구체적입니다. 폐기물은 가게 안에서 끝나지 않습니다. 처리 과정, 환경의 부담, 다음 세대의 몫까지 이어집니다. 내가 있는 자리에서 쓰레기들을 정확히 분리하고 줄이는 선택은 전체의 균형에 기여합니다. 아우렐리우스가 말한 "나의 몫"은 바로 이런 작은 정확함입니다.

표준화와 인수인계 또한 '부분의 미덕'을 요구합니다. 한 사람이 모든 것을 쥐고 있을 때 운영은 취약해집니다. 한 사람에 의해 영업이 좌지우지되기 때문입니다.

반대로 기준과 표준 레시피가 있다면 한 사람이 없어도 역할은 계속 이어지고 식당은 안정됩니다. 전체의 일부로서 자신의 자리를 이해할 때, 개인의 과로와 집착은 줄어듭니다.

계절이 바뀌고 사람이 바뀌어도 기준이 분명하면 가게는 돌아갑니다. 이때 필요한 태도는 "내가 맡은 부분을 정확히 하겠다"입니다.

아우렐리우스는 인간의 시간이 찰나임을 알았습니다. 그래서 그는 거대한 의미를 억지로 부여하지 않았습니다. 전체 중 일부로서 성실히 작동하는 것 그 자체가 의미라고 보았습니다.

식당에서도 오늘의 준비, 오늘의 메뉴, 오늘의 정리라는 이 반복이 꾸준하고 믿음을 주는 식당의 역할로 사회에 기여하게 됩니다.

"내가 맡은 자리에서 나의 몫을 다하면 그것으로 충분하다."

전체의 일부로 자신을 받아들이면 우리는 교만에서 벗어나고 조급함을 내려놓을 수 있습니다. 그리고 그 자리에서 할 일을 정확히 합니다. 아우렐리우스가 발견한 평온은 거창한 성취가 아니라, 자기 자리에서의 충실함입니다. 식당의 긴 여정에서도 이 진실은 변하지 않습니다.

커다란 자연의 법칙

인간의 뜻은 작고, 자연의 법은 크다. 그 앞에서 겸손하라.

- 『명상록』 5장 8절 -

인간의 계획은 언제나 무너질 수 있고 틀어질 수도 있습니다. 그렇다고 그것을 실패로 규정짓지는 않습니다. 마르쿠스 아우렐리우스는 더 큰 질서가 작동한 결과이며, 그 질서를 이해하고 따를 때 비로소 자유롭다고 보았습니다. 인간의 뜻은 작고 자연의 법은 큽니다. 그 앞에서 겸손은 지혜의 출발점입니다.

식당 일은 자연의 법과 매일 마주하는 일입니다. 식중독 예방의 원리를 보십시오. 아무리 숙련된 손이라도 온도, 시간, 미생

물의 법칙을 거스를 수는 없습니다. "괜찮겠지"라는 생각은 자연의 법 앞에서 무력합니다.

반대로 냉각, 재가열, 교차오염, 해동 등 자연의 법칙을 이해하고 지키면 운영은 순조롭습니다. 자연의 법은 그 규칙의 유효성을 판정합니다.

조리 과정도 마찬가지입니다. 불의 세기, 수분의 이동, 단백질의 변성은 과학입니다. 시간을 앞당기려는 의지는 식감과 풍미를 해칩니다. 자연의 법을 존중하면 공정은 예측 가능해지고 품질은 일관됩니다. 아우렐리우스가 말한 겸손은 "내가 더 잘 안다"라는 생각을 내려놓고 자연의 법칙을 따르는 태도입니다.

보존과 유통에서도 인간의 뜻은 한계를 드러냅니다. 계획한 판매량과 실제 수요는 어긋나기 쉽습니다. 이때 의지로 밀어붙이면 폐기량이 늘어납니다. 자연의 법을 따른다는 것은 회전과 신선도의 기준을 인정하는 것입니다. 팔리지 않으면 정리하고, 다음을 준비합니다. 무너진 계획은 순환의 일부입니다.

자연의 법은 체력이기도 합니다. 무리한 연속 근무는 집중력을 떨어뜨리고 사고를 부릅니다. "조금만 더"라는 의지는 결국 자연스러운 회복의 법칙과 충돌합니다.

인간을 자연의 일부로 인정하는 순간, 관리의 기준은 달라집니다.

“겸손히 자연의 법 앞에 설 때 인간은 지혜를 배운다.”

식당의 하루에서 이 겸손은 정확한 기준, 정직한 정리, 다음 순환을 위한 준비로 드러납니다. 인간의 뜻은 작습니다. 그래서 우리는 더 현명해질 수 있습니다. 자연의 법을 따를 때, 의지는 비로소 제자리를 찾습니다.

4부

자연의 질서에 따르다

자연의 조화로움

자연은 언제나 조화를 이룬다.
혼란 속에서도 전체는 균형을 잃지 않는다.

- 『명상록』 6장 36절 -

이 문장은 혼란을 더 큰 질서 안에서 바라보라는 시선입니다. 마르쿠스 아우렐리우스는 전쟁과 역병 속에서도 하늘의 별들이 제자리를 지키는 장면을 떠올렸습니다.

인간의 눈에는 불행과 불균형처럼 보이는 사건도, 더 큰 전체 속에서는 균형을 향해 움직이고 있다는 믿음이 그에게 평정을 주었습니다.

식당의 하루도 역시 겉으로는 늘 어수선합니다. 주문이 몰리고, 재고가 엇갈리고, 일정이 바뀝니다. 그러나 조금 물러서서 보면 조화롭게 작동 중임을 알 수 있습니다.

예를 들어 어떤 날은 특정 품목이 먼저 빠지고, 다른 날은 재료가 남습니다. 이를 판매 데이터와 회전 주기를 나란히 검토하면 소비의 패턴이 드러납니다. 계절처럼, 과잉과 결핍의 변화가 평균을 만든다는 사실을 받아들이면 판단은 차분해집니다.

조리와 설거지의 균형은 조화의 미시적 예입니다. 특히 혼자 주방을 지키는 경우가 더 그러합니다. 손님에게 서빙된 접시가 빈 접시로 돌아오며 쌓입니다. 빠른 조리로 번 시간을 설거지에 써야 한다는 압박이 생깁니다. 그러나 결국 조리와 설거지의 흐름이 잡히며 안정됩니다. 이는 자연의 순환과 다르지 않습니다.

아우렐리우스가 말한 조화는 각 요소가 제자리를 찾는 과정을 신뢰하는 태도입니다. 식당에서 이 태도는 과잉 반응을 줄여 줍니다.

"혼란 속에서도 전체는 균형을 잃지 않는다."

자연은 늘 조화를 이룹니다. 그 조화를 신뢰할 때 우리의 선택도 조화로워집니다.

모든 것은 연결되어 있다

모든 것은 서로 연결되어 있다. 하나가 흐르면 모두 흐른다.

- 『명상록』 6장 38절 -

마르쿠스 아우렐리우스는 인간을 고립된 개체로 보지 않았습니다. 그는 세상을 하나의 유기적 전체로 보았고, 그 안에서 인간은 서로의 삶에 영향을 주고받는 연결된 존재라고 이해했습니다.

이 연결을 자각하는 순간, 자유는 방종이 아니라 책임 있는 선택으로 바뀝니다. 삶에 대한 책임을 드러내는 통찰입니다.

식당에서 첫인사 한마디를 떠올려 봅니다. 문을 열고 들어오는 손님에게 건네는 짧은 인사는 그날의 분위기를 정합니다. 그 인사는 손님의 기분을 바꾸고, 손님의 기분은 홀의 기운을 바꾸며, 그 흐름은 주방의 리듬까지 영향을 미칩니다. 작은 행동 하나가 전체의 호흡을 바꿉니다. 아우렐리우스가 말한 연결은 바로 이런 연결고리입니다.

설명한 문장도 마찬가지입니다. 메뉴에 대한 짧고 정확한 설명은 주문의 혼선을 줄이고, 기다리는 시간을 안정시킵니다. 한 사람의 말이 여러 사람의 시간을 절약할 수도, 낭비할 수도 있습니다. 이 연결을 아는 사람은 말을 가볍게 쓰지 않습니다.

청결은 더 분명합니다. 한 번의 손 씻기, 한 번의 소독은 눈에 띄지는 않지만 보이지 않는 안전망을 만듭니다. 그 안전망은 손님의 신뢰로 이어지고, 신뢰는 재방문으로, 재방문은 가게의 성장으로 연결됩니다. 자연과 인간, 위생과 경영은 분리되지 않습니다. 아우렐리우스가 말한 자연의 질서는 여기서 윤리와 실무의 결합으로 나타납니다.

직원들의 태도 역시 연결의 일부입니다. 짧은 감사, 정확한 전달, 책임의 분담은 서로의 하루를 가볍게 합니다. 반대로 무심한 말 한마디는 오해를 낳고, 오해는 감정을 일으키고 감정은 다시 비난으로 돌아옵니다.

이런 연결을 인식하면, 우리는 모든 원인을 개인의 성격이 아니라 관계의 흐름 속에서 찾게 됩니다. 그러면 해결법은 처벌이 아니라 조정이 됩니다.

아우렐리우스는 이 연결의 자각을 겸손의 근거로 삼았습니다. 내가 세상과 무관하지 않다는 사실을 알면, 타인을 도구처럼 대할 수 없습니다. 자연을 소모품처럼 대하지 못합니다. 식당에서도 이는 공급자의 얼굴을 떠올리는 태도로 드러납니다. 재료는 농부의 노동과 계절의 결실입니다. 이 인식은 재료의 낭비를 줄이고 아끼는 기준을 세웁니다.

연결은 또한 시간을 잇습니다. 어제의 선택은 오늘의 현상이 되고, 오늘의 태도는 내일의 분위기가 됩니다. 과거와 현재는 이어져 있습니다.

그래서 작은 개선은 축적되고, 작은 방치는 누적됩니다. 아우렐리우스의 철학은 거창한 결단보다 일상의 정확함을 강조합니다. 서로 연결된 세계에서 정확함은 곧 배려입니다.

"나의 행복은 타인의 행복과 이어져 있다."

식당에서 우리는 혼자 있는 듯 보이지만, 뿌리는 서로 맞닿아 있습니다. 서로의 연결을 자각할 때, 고립은 연대로 바뀌고 불안은 책임으로 전환됩니다. 함께 마주 든 책임은 무겁지 않습니다. 오히려 함께 가야 할 방향을 분명히 보여줍니다.

아우렐리우스가 발견한 평온은 연결을 받아들이는 용기에서 나옵니다. 오늘의 작은 행동이 전체에 미치는 파장을 의식하면 그 의식이 삶과 일을 더 안정되고 견실하게 만듭니다. 세상은 하나의 그물입니다. 그 안에서 우리는 함께 숨 쉬며, 함께 살아갑니다. 마음에는 겸손과 평화가 자리 잡습니다.

바다의 포용

바다처럼 포용하라. 모든 강물이 그곳에 이른다.

- 『명상록』 6장 48절 -

이 비유는 공동체를 유지하는 기술입니다. 마르쿠스 아우렐리우스는 거대한 제국을 하나로 묶는 방법이 무력이 아니라 포용임을 깨달았습니다.

맑은 물과 흙탕물이 함께 흘러들어도 바다는 거부하지 않듯이 차이와 다름을 품어주는 가슴이 곧 안정의 근원이라는 통찰입니다.

식당은 서로 다른 "강"이 매일 흘러드는 자리입니다. 손님의 취향과 기대는 제각각입니다. 찌개에 날달걀을 좋아하시는 분, 짜거나 매운 음식의 취향, 누군가는 음식의 맛을 말하고, 누군가는 건강한 음식을 원합니다.

이때 한 가지 기준만을 강요하면 마찰이 생깁니다. 바다처럼 포용하는 운영은 기준을 낮추는 것이 아니라 기본을 지키며 가능 범위의 조정을 허용하는 유연함입니다.

불만 대응에서도 포용의 철학은 분명합니다. 먼저 받아들이고 정리하면 불만은 잦아듭니다. 바다는 강물을 평가하지 않습니다. 한 덩어리로 받아들일 뿐입니다. 문제를 개인의 공격으로 해석하지 않고 상황의 흐름으로 다루는 태도는 감정을 가라앉히고 해결을 앞당깁니다.

다양한 식문화의 공존 역시 포용을 요구합니다. 알레르기 유발 식품이나 종교적 제한, 개인적 선호는 서로 다릅니다. 모두를 완벽히 만족시킬 수는 없지만 존중의 언어는 누구에게나 공평할 수 있습니다. 가능한 것과 불가능한 것을 차분히 구분해 설명하면 차이는 갈등이 아니라 이해의 계기가 됩니다.

식당 운영에서 바다의 포용은 더욱 중요합니다. 속도가 빠른 사람, 정확한 사람, 말이 적은 사람, 질문이 많은 사람 각각은 다른 강입니다.

한 가지 성향만을 이상으로 삼으면 조직은 연약합니다. 역할을 나누고 강점을 취하면 차이는 시너지가 됩니다. 포용은 무원칙이 아니라 역할 분담의 지혜입니다.

아우렐리우스가 말한 평온은 포용력입니다. 받아들일 것은 받아들이고, 흘려보낼 것은 흘려보내는 힘. 바다는 강물을 품지만, 바다의 성질을 잃어버리지 않습니다.

식당에서도 마찬가지입니다. 핵심 원칙을 지키며 차이를 품을 때 경영은 흔들리지 않습니다.

“바다처럼 포용하라. 모든 강물이 그곳에 이른다.”

차이를 적으로 만들지 않는 넓은 가슴, 그 넓이만큼 평온을 만듭니다. 바다의 힘은 밀어내지 않는 데서 옵니다. 품는 순간, 전체는 하나로 안정됩니다.

나무의 인내와 성장

나무처럼 묵묵히 견뎌라. 인내 속에서 성장이 이루어진다.

- 『명상록』 5장 9절 -

이 말은 성장이 일어나는 속도를 받아들이라는 지혜입니다. 마르쿠스 아우렐리우스는 『명상록』에서 인간의 조급함을 자연의 시간과 대비시켰습니다.

나무는 한 계절에 자라지 않습니다. 눈에 보이지 않는 뿌리를 먼저 내리고, 비바람을 맞으며 해마다 나이테를 쌓습니다. 성장은 언제나 보이지 않는 인내의 시간을 통과합니다.

식당에서 이 인내는 가장 먼저 맛의 안정으로 나타납니다. 초반에는 레시피가 흔들리고, 손맛은 날마다 달라집니다.

이때 서두르면 잦은 수정이 오히려 품질을 망칩니다. 나무처럼 한 방향을 정하고 반복하다 보면, 어느 순간 맛은 스스로 자리를 잡습니다.

고객은 그 변화를 말로 설명하지 않지만 다시 찾는 발걸음으로 응답합니다. 인내는 즉각적인 박수 대신 지속적인 신뢰를 남깁니다.

단골의 형성도 같은 원리입니다. 광고나 이벤트로 단번에 늘린 방문은 금세 없어집니다. 반면 묵묵히 약속을 지키는 시간은 천천히 손님을 모읍니다.

나무의 뿌리가 깊어질수록 바람에 흔들리지 않듯, 신뢰는 시간이 쌓일수록 외부의 변화에 덜 흔들립니다. 아우렐리우스가 말한 인내는 일관성의 유지입니다.

기술의 축적에서도 인내는 결정적입니다. 칼질, 불 조절, 동선의 최적화는 단기간에 완성되지 않습니다. 조급함은 요령을 찾게 하지만, 인내는 몸에 기술을 남깁니다.

몸에 남은 기술은 자연의 법칙처럼 긴장 속에서도 흔들리지 않습니다. 나무는 겉으로 빨리 크지 않아도, 속은 해마다 단단해집니다.

평판의 형성 역시 나무의 나이테처럼 쌓입니다. 한 번의 호평이나 비난은 나이테 하나에도 못 미칩니다. 꾸준한 태도와 선택이 쌓여야 비로소 이름이 생깁니다.

아우렐리우스는 외부의 반응보다 내면의 기준을 지키는 지속성을 덕으로 보았습니다. 인내는 외부의 소리에 덜 반응하게 만들고, 기준을 지키는 힘을 키웁니다.

인내의 반대는 조급함입니다. 조급함은 오늘의 성취를 과대평가하고, 내일의 열매를 불신합니다. 반대로 인내는 오늘의 작은 진전을 존중하고, 내일을 응원합니다. 나무는 자신을 의심하지 않기에 성장을 가능하게 합니다.

"나무처럼 묵묵히 뿌리를 내리고 시간을 견뎌라."

식당의 길은 길고 인내는 절대 헛되지 않습니다. 오늘의 성실이 내일의 안정이 되고, 내일의 안정이 결국 큰 성장을 만듭니다.

아우렐리우스가 말한 지혜는 분명합니다. 서두르지 않아야 오래 간다. 나무의 인내를 배울 때 성장은 이미 시작되었습니다.

단순함의 진리

단순함은 진리로 가는 문이다.

- 『명상록』 4장 24절 -

언뜻 미니멀리즘을 연상시키는 문장이지만 실은 본질을 다루는 기술을 가리킵니다. 마르쿠스 아우렐리우스는 사치와 의전이 가득한 궁정 한복판에서도 단순함을 선택했습니다.

그에게 단순함은 자연의 질서에 가까워지는 길이었으며 영혼을 맑게 하는 태도였습니다. 단순함은 진실을 드러냅니다.

식당에서 단순함은 중요합니다. 메뉴가 많으면 손님은 선택에 시간이 걸리고, 주방은 복잡하며, 품질은 떨어집니다. 반대로 몇 가지 핵심 메뉴에 집중하면 회전율이 높아지고 메뉴의 품질도 상승합니다.

단순화는 오히려 손님을 배려하는 일입니다. 아우렐리우스가 말한 본질로의 회귀는 바로 "무엇을 더 하기"가 아니라 "무엇을 덜어내기"에서 시작됩니다.

식당 표준 작업서 역시 단순함이 생명입니다. 조리가 복잡할수록 일선에서 규칙은 외면당합니다. 반면 핵심 단계만 남긴 표준 작업서는 따르기 쉽습니다.

체크리스트를 줄이고, 기준을 명확히 하면 실수는 줄어듭니다. 단순함은 집행력을 강화합니다. 자연의 법칙이 단순한 이유도 반복되어야 하기 때문입니다.

플레이팅에서도 진리는 볼 수 있습니다. 장식을 더 할수록 본질은 흐려집니다. 접시에 담긴 음식이 주축이 되어 불필요한 장식을 걷어내면 재료의 결이 살아납니다. 아우렐리우스가 발한 단순함은 외형의 소박함이 아니라, 의도의 선명함입니다.

또 지표가 많아질수록 판단은 늦어집니다. 매출, 원가, 회전율 등 몇 개의 핵심 지표만 꾸준히 보면 지향하는 방향이 보입니다. 단순한 대시보드(dash board)는 잡음을 줄이고, 행동을 빠르게 합니다.

의사소통 역시 마찬가지입니다. 길고 장황한 설명은 사기꾼이란 오해를 받습니다. 짧고 명확한 문장은 현장을 움직이게 합니다. 무엇을 언제까지 할지, 그 기준은 무엇인지가 분명하면 혼선은 줄어듭니다. 단순함은 상대의 시간을 아끼는 태도이기에 존중이라고 말할 수 있습니다.

아우렐리우스가 단순함을 택한 이유는 분명합니다. 복잡함은 욕망을 키우고, 욕망은 본질을 흐립니다. 단순함은 욕망을 가라앉혀 마음을 맑게 합니다. 정보가 홍수처럼 넘치는 시대일수록 덜어낼 줄 아는 용기가 더 큰 지혜가 됩니다.

"진리는 화려함 속에 숨지 않는다."

식당의 현장에서도 진리는 늘 고요하게 자리하고 있습니다. 식당의 철학을 중심으로 지키는 순간, 운영은 가벼워지고 판단은 명확해집니다. 단순함은 본질로 돌아가는 힘입니다. 그 힘을 선택할 때, 진리는 늘 그 자리에서 조용히, 그러나 분명하게 기다리고 있습니다.

우연은 없다

세상에는 우연이 없다.
모든 것은 로고스의 질서 안에서 일어난다.

- 『명상록』 6장 44절 -

마르쿠스 아우렐리우스는 전쟁터의 예측 불가능한 승패를 겪으며, 겉으로는 우연처럼 보이는 일들이 사실은 더 큰 질서(로고스) 안에서 있다고 보았습니다. 그래서 의미를 찾지 않은 사건은 무의미하게 끝나지만, 의미를 찾아 배우면 성장의 시작이 됩니다.

식당은 '우연'이 자주 일어납니다. 예컨대 영업 직전의 장비

고장은 예상하지 못한 사고입니다. 그러나 이 사건이 점검 주기를 재설정하고, 백업 라인을 준비하며, 담당자의 경각심을 일깨운다면 그것은 우연이 아니라 체계를 성숙시키는 계기가 됩니다.

납품처의 공급 착오도 마찬가지입니다. 잘못 들어온 상품이나 수량 착오, 파손은 곤란한 일이지만 이를 통해 발주 및 검수 체크리스트가 강화되고 소통이 정확해진다면 다음의 손실은 예방할 수 있습니다. 우연이 아니라는 시선으로 사건의 의미를 읽는 순간 작은 손해는 큰 수업료의 가치를 지닙니다.

날씨의 급변으로 손님의 발걸음이 달라지는 날도 있습니다. 장대비가 쏟아져 발길이 뜸한 날을 허탈하게 치부하면 그걸로 끝입니다.

하지만 그날의 시간대별 데이터로 인력 배치를 조정하고, 재료 준비량을 점검하며, 비 오는 날의 특식을 개발한다면 그 변화는 다음을 준비하는 중요한 기회가 됩니다.

직원의 갑작스러운 결근 역시 우연처럼 보이지만 교차 교육의 필요성을 드러냅니다. 자기 업무뿐 아니라 다른 업무까지도 넘나들 수 있도록 평소에 훈련하고 연습하면 유연하면서도 강한 조직을 만들 수 있습니다.

로고스의 질서[1]란, 개인의 능력이 아니라 시스템의 효율을 요구하는 방향으로 사건을 배치합니다. 의미를 읽는 사람에게 사건은 늘 말을 걸고 있습니다.

아우렐리우스의 핵심은 간단합니다. 사건에 빠지지 말고, 의미해석을 통해 발전의 계기로 삼으라는 것입니다. 의미 없는 단순한 우연으로 치부하면 배움은 없고, 로고스의 질서로 해석하면 성장의 계단을 오르게 됩니다.

모든 일은 자연의 질서 안에서 일어납니다. 그 질서를 읽는 순간, 어떤 하루도 헛되지 않습니다.

"우연을 부정하면 성장은 멈춘다. 의미를 읽으면 길이 열린다."

식당의 하루는 크고 작은 사건의 연속입니다. 그 사건을 배움과 성장으로 바꾸는 능력, 바로 그 지점에서 평정과 실력이 함께 자랍니다.

1 로고스의 질서 : 우주·자연을 움직이는 보편적 원리로서의 이성적 질서

운명과의 동행

그대의 운명은 그대에게 적이 아니라 동행이다.
그것과 조화를 이룰 때 평온이 온다.

- 『명상록』 4장 23절 -

삶을 함께 걷는 방식에 대해 마르쿠스 아우렐리우스는 운명을 삶의 적으로 생각하지 않는 것이라고 했습니다. 운명을 피하려 들면 싸움이 되고, 받아들이면 길이 만들어진다고 보았습니다.

선택하지 못한 것까지 포함해서 삶이 구성된다는 사실을 인정할 때, 운명은 짐이 아니라 단련의 스승입니다.

식당에서 이 통찰은 실무적입니다. 언제나 규정과 기준의 변화는 늘 예고 없이 찾아옵니다. 위생 기준이 강화되거나 각종 표시 의무가 생겨납니다. 이를 귀찮은 장애물로만 생각한다면 현장은 부자연스러워집니다.

그러나 운명이라 생각하고 동행으로 받아들이면 생각이 바뀝니다.

"이 변화가 우리를 어디 수준까지 끌어올릴 수 있을까?"

기준을 능동적으로 적용, 시행하고 문서화와 교육을 정교화하면 규정은 부담이 아니라 신뢰의 자산이 됩니다. 운명은 방향을 바꾸지 못하게 막는 벽이 아니라, 기준을 올리는 계단입니다.

임대 환경의 변동도 마찬가지입니다. 조건의 변경이나 주변 공사, 리모델링은 통제 밖의 사건입니다. 이를 지나치게 신경 쓰거나 핑계의 구실로 삼으면 에너지만 소모되고 변화를 이끌 수 없습니나.

하지만 변동을 동행으로 받아들여 영업시간의 조정, 동선의 재설계 등 당면한 조건 위에서 선택할 수 있는 행동을 취함으로써 운명을 동반자로 만듭니다.

고객 구성의 변화 역시 피할 수 없습니다. 동네의 연령대가 바뀌고, 소비의 기준이 변합니다. 과거의 성공 공식을 고집하면 불필요한 마찰이 생깁니다.

운명을 동행으로 받아들여 찬찬히 관찰을 시작하면 메뉴 소개 방식, 손님 응대 속도, 가게 정보 안내 등 작은 조정들이 누적되며 관계는 새로운 고객과 다시 맞물립니다. 운명은 나를 시험하는 적이 아니라, 관계를 재학습 시키는 선생님입니다.

아우렐리우스의 핵심은 명료합니다. 바꿀 수 없는 것은 거부하지 말고, 바꿀 수 있는 것에 힘을 쓰라. 식당의 길은 예측 불가능합니다. 그렇기에 운명을 적으로 두는 순간 매일매일이 전쟁이 됩니다. 동행으로 받아들여 훈련의 하루가 되게 해야 합니다.

운명과의 조화는 순응이 아닙니다. 선택입니다. 불확실함을 밀어내지 않고 그 안에서 기준을 세우는 선택, 그 선택이 쌓일수록 식당은 단단해집니다. 길이 험해도, 예상치 못한 일이 닥쳐도, 그것은 나를 단련시키는 여정의 일부입니다.

“그대의 운명은 그대에게 적이 아니라 동행이다.”

우리는 분노하기보다 준비합니다. 어쩔 수 없는 변화를 끌어안고 선택지를 정확히 고릅니다. 운명과 함께 걸을 때 운명은 삶의 무게가 아니라 삶의 힘이 됩니다.

원하지 않더라도

그대가 원치 않는 길이라도 그 길은 자연이 준 길이다.

- 『명상록』 5장 8절 -

자신이 선택하지 않은 길 위에 서게 되었을 때 마르쿠스 아우렐리우스는 그 길을 부정하지 않았습니다. 그는 황제가 되기를 꿈꾸지 않았지만, 황제라는 자리에 오른 순간 그 역할을 피하지 않고 수행했습니다. 선택보다 중요한 것은, 주어진 자리에서 어떻게든 살아내는 것입니다.

식당에서 많은 사람들은 현재를 부정합니다.

"이런 방식의 장사는 원래 생각했던 게 아냐."

예를 들어 의도치 않게 배달 비중이 커진 가게를 떠올려 보십시오. 본래는 홀 중심으로 사랑방 같은 친근한 식당을 원했지만, 팬데믹 환경은 다른 선택을 강요합니다.

이때 배달의 구조를 재주부리는 곰의 시선으로 바라보면 불만은 커지고 품질도 떨어집니다. 그러나 주어진 길로서 받아들인다면 생각이 바뀝니다.

"이 불리한 구조에서 나와 손님이 다 만족할 방법은 무엇인가?"

예상치 못한 역할의 변화도 마찬가지입니다. 대표가 되며 조리보다 관리에 더 많은 시간을 쓰게 됩니다. 현장을 떠난다는 느낌에 아쉬움도 있지만 이것이 지금 나에게 주어진 길이라면 인력 배치, 일정 조정, 교육의 구조화 등 경영과 관리를 연마하는 것이 도리입니다.

아우렐리우스가 택한 태도는 '원하지 않았던 자리라도, 맡겨졌다면 최선을 다하라.'입니다. 그 순간 그 길은 의미를 갖습니다.

불가피한 축소나 전환으로 역시 원치 않던 길일 수 있습니다. 영업 시간을 단축해야 하는 상황은 자존감을 낮춥니다. 하지만 이를 실패로만 해석하면 안 됩니다.

주어진 조건을 받아들여 집중과 효율이라는 새로운 방식이 찾아야 합니다. 상황에 흔들리지 말고, 훗날의 눈부신 결과를 얻을 계기로 만드십시오.

아우렐리우스의 통찰은 삶을 공정하게 만듭니다. 주어진 길을 성실히 걷는 사람은 상황이 바뀌어도 의미를 잃지 않습니다. 예기치 않은 변수, 피할 수 없는 변화가 끊임없이 밀려옵니다.

그때 필요한 것은 "왜 이 길인가"라는 원망이 아니라, "이 길에서 무엇을 배울 것인가"입니다. 주어진 과제로 받아들이면, 숙련과 경험이 쌓입니다. 아우렐리우스가 말한 덕은 피할 수 없는 환경을 품위 있게 통과하는 능력입니다.

삶은 내가 선택한 것과 주어진 선택의 합입니다. 주어진 선택을 밀어내면 삶은 반쪽이 됩니다. 함께 짊어질 때 비로소 전체가 됩니다.

"원하는 길만 걷는 사람은 행복을 조건으로 묶고, 주어진 길을 걷는 사람은 어떤 상황에서도 의미를 찾는다."

삶이 내 뜻과 다르게 흘러가더라도 그것이 자연의 흐름 속에 주어진 길임을 받아들이십시오. 그 길을 성실히 걸을 때, 모든 길은 결국 나의 길이 됩니다.

기꺼이 받아들임

무엇이 네게 주어졌든 기꺼이 받아들이라.

- 『명상록』 5장 8절 -

책임을 받아들이는 용기, 마르쿠스 아우렐리우스는 역병과 전쟁이라는 시대의 고통을 피해 가지 않았습니다. 그는 상황을 바꾸지 못할 때 태도를 바꾸는 선택을 했습니다. 무엇이 주어졌든 거부하지 않고 받아들였고 고통은 혼란스러움에서 의미로 변하였습니다. 수용은 이해의 시작입니다.

식당의 태도는 현실적인 힘을 가집니다. 어느 날 갑작스러운 인력 공백이 생겼다고 생각해 보십시오. 예고 없는 사정으로 결원이 생겼을 때 화가 나고 원망이 생깁니다.

그러나 주어진 현실을 받아들이는 순간 침착하게 오늘의 영업에 필요한 조치들을 계획하고 실행합니다. 빈자리를 메우기 위해 역할을 재배치하고 과부하가 생기지 않게 컨트롤합니다. 그럼 장사는 아무 일 없듯 지나갑니다.

하지만 그 시간 속에서 누군가는 새로운 경험을 얻고 감당력이 늘어났을 것입니다. 시스템의 총량으로 보면 플러스인 셈입니다. 아우렐리우스가 말한 책임은 원인을 탓하지 않고 대응하는 힘입니다.

오래 장사하다 보면 시설의 노후 역시 피할 수 없습니다. 노후화된 장비는 고장 나고 수명의 한계를 드러냅니다. 몇 푼의 돈을 아끼기 위해 어설프게 대응하면 더 큰 손실을 봅니다.

어차피 나갈 비용을 받아들이고 계획을 세웁니다. 점검 주기, 교체 순서, 임시 운용 방법 등으로 문제를 해결하며 이후의 예측 가능성을 만듭니다.

받아들임의 핵심은 "좋아"라고 말하는 것이 아닙니다. "사실이야"라고 말하는 것입니다. 사실을 인정하는 순간, 우리는 할 수 없는 것과 할 수 있는 것을 분리해 바꿀 수 없는 것은 내려놓고, 바꿀 수 있는 것에 집중합니다.

구분과 집중은 때론 생존을 좌우할 만큼 중요합니다. 그리고 불필요한 감정 소모도 줄입니다.

아우렐리우스가 역병 속에서도 황제의 책임을 외면하지 않았듯, 식당에서도 각자에게 주어진 역할이 있습니다. 사장은 모든 결정의 책임을, 관리자는 조율의 책임을, 조리자는 품질의 책임을 집니다.

한 사람이라도 주어진 책임을 소홀히 하거나 거부하면 공백이 생기게 되고 그 공백은 고통을 키웁니다. 함께 받아들이면 역할은 조화가 되고, 조화는 큰 힘이 됩니다.

고객의 불만 앞에서도 억울함을 앞세우면 대화는 이루어지지 않습니다. 받아들임은 동의가 아니라 경청의 시작입니다. 사실을 확인하고, 잘못을 점검하며, 가능한 조치를 제시합니다. 적절한 태도로 식당의 신뢰를 무너뜨리지 말아야 합니다.

“고통은 피할 때가 아니라 감당해 낼 때 의미로 바뀐다.”

우리는 덜 화내고 더 준비합니다. 주어진 현실을 온전히 받아들이는 태도가 평온으로 가는 가장 짧은 길입니다. 수용은 약해서 하는 게 아니라 성장하기 위해서 하는 것입니다.

남을 돕는 것은 나를 돕는 것이다

남을 돕는 것은 곧 자신을 돕는 일이다.
우리는 서로에게 이익이 되도록 만들어졌다.

-『명상록』 9장 42절 -

이 문장은 공동체가 작동하는 실제 원리를 말하고 있습니다. 마르쿠스 아우렐리우스는 인간이 서로에게 이익이 되도록 만들어졌다고 보았습니다.

타인을 세우는 행위는 결국 공동체를 단단하게 만들고, 그 공동체가 다시 나를 지탱합니다. 도움은 순환하는 힘입니다.

식당의 하루는 이 순환을 생생하게 보여줍니다.

아침 오픈 준비 시간, 한 직원이 전날 늦게까지 남아 마감을 했다는 사실을 알게 되었다고 가정해 보십시오. 사장이 이를 당연하게 여기지 않고 짧은 감사의 말을 건넵니다. 그 한마디는 단순한 예의가 아닙니다.

인정받은 사람은 다음 날 더 성의 있게 움직이고, 그 태도는 조직의 분위기를 바꿉니다. 분위기가 바뀌면 실수는 줄고, 실수가 줄면 사장도 고객도 만족합니다. 도움은 곧 효율로 돌아옵니다.

점심 피크 시간, 한 직원이 주문 실수로 인해 당황하고 있습니다. 그때 다른 동료가 짧게 말합니다.

"괜찮아요, 제가 마무리할게요."

그 한마디와 행동은 단순한 지원이 아닙니다. 당황한 직원은 위축되지 않고 다시 업무에 복귀합니다. 만약 그 순간 비난을 했다면 그 직원은 더 위축되고 긴장은 식당 전체로 번졌을 것입니다. 도움은 한 사람의 실수를 줄이는 것이 아니라, 시스템 전체의 흐름을 지키는 일입니다.

홀에서 혼자 식사하는 손님이 조용히 앉아 있습니다. 바쁜 와중에도 직원이 물을 한 번 더 채워주고, 눈을 맞추며 묻습니다.

"혹시 더 필요하신 건 없으세요?"

그 짧은 배려는 손님의 하루를 바꿀 수 있습니다. 그 손님은 다시 찾아오고, 누군가에게 이 식당을 추천합니다. 도움은 당장의 매출이 아니라 신뢰의 자산으로 돌아옵니다. 선의는 즉각적인 보상이 아니라 장기적인 안정으로 순환합니다.

식자재를 납품하는 기사님이 비에 젖은 채 도착했습니다. 바쁘다는 이유로 무심코 넘길 수도 있지만 잠깐의 따뜻한 말, 작은 배려는 관계를 다르게 만듭니다.

다음번 일정 조정이 필요할 때, 그 관계는 유연함으로 돌아옵니다. 식당은 홀과 주방만으로 운영되지 않습니다. 보이지 않는 연결망 전체가 함께 움직입니다. 도움은 그 연결을 부드럽게 만드는 윤활유입니다.

어느 날, 인턴으로 들어온 직원이 서툴게 칼을 잡고 있습니다. 시간을 아끼기 위해 혼자 빠르게 해버릴 수도 있습니다. 그러나 잠시 멈추고 인턴에게 칼을 사용하는 방법을 가르쳐줍니다. 이 선택은 당장은 느려 보이지만 장기적으로는 더 빠른 속도를 만듭니다.

돕는다는 것은 시간을 버리는 일이 아니라 미래의 시간을 절약하는 투자입니다. 아우렐리우스가 말한 공동체의 이익은 바로 이런 구조입니다.

이기심은 빠른 것처럼 보입니다. "내 일만 하면 된다"라는 태도는 당장의 에너지를 아껴주는 듯합니다. 그러나 그 태도는 관계를 끊고 고립을 만듭니다. 고립된 사람은 위기 앞에서 혼자입니다.

반대로 도움을 베푼 사람은 위기 앞에서 여러 사람의 도움을 받습니다. 도움은 감정의 문제가 아니라 엄연한 생존 전략입니다.

더 깊이 보면, 타인을 돕는 행위는 결국 나를 훈련시키는 일입니다. 참을성을 배우고, 경청을 배우고, 판단을 늦추고, 나를 성찰합니다. 도움은 상대를 위한 것 같지만, 사실은 내 덕을 쌓는 과정입니다. 아우렐리우스가 말한 덕은 거창한 영웅적 행위가 아니라, 일상에서 반복되는 선택의 축적입니다.

식당의 하루는 수백 번의 작은 선택으로 이루어집니다. 그 선택이 이기심으로 기울면 긴장은 쌓이고, 도움으로 기울면 신뢰가 쌓입니다. 신뢰가 쌓인 공동체는 외부의 흔들림에도 쉽게 무너지지 않습니다. 그리고 그 공동체 속에서 나 역시 보호받습니다.

"남을 돕는 일은 결국 나를 돕는 가장 확실한 길이다."

이 문장은 감동적인 말이 아니라, 관계의 구조를 설명하는 사실입니다. 선의는 반드시 순환합니다.

오늘 내가 건넨 작은 친절은 형태를 바꿔 돌아옵니다. 식당이라는 작은 사회 안에서 그 순환은 빠르고 분명하게 드러납니다.

미움은 영혼을 병들게 한다

미움은 남보다 나를 해친다. 그것은 영혼을 병들게 한다.

- 『명상록』 11장 18절 -

마음 에너지 관리에 대한 냉정한 통찰입니다. 마르쿠스 아우렐리우스는 분노와 증오가 상대를 무너뜨리기 전에 먼저 자신의 영혼을 갉아먹는다고 보았습니다.

미움은 밖으로 향하는 감정처럼 보이지만, 실제로는 내 안에서 먼저 타오르는 불입니다. 그 불이 커질수록 평정은 사라지고 판단은 흐려집니다.

식당의 하루는 감정이 빠르게 오르내리는 공간입니다.

예를 들어, 예약 시간을 어긴 단체 손님이 뒤늦게 도착했다고 상상해 봅니다. 손님들이 도착 전까지 테이블은 계속 비워두었고 다른 손님들은 항의했으며 동료들도 난감해했습니다. 그 순간 미움이 올라옵니다.

"왜 이렇게 무책임하지? 늦는 바람에 못 받은 손님이 얼마야."

이 감정을 붙잡고 응대하면 표정은 굳고 말은 날카로워집니다. 손님은 방어적으로 변하고 분위기는 더 나빠집니다. 결과적으로 손해를 보는 쪽은 누구입니까? 감정이 흔들린 직원, 분위기가 깨진 홀, 피로가 쌓인 사장입니다. 미움은 상대보다 나를 먼저 소모시킵니다.

오래 근무하던 직원이 갑자기 퇴사를 통보합니다. "이럴 수가 있나"라는 생각이 들며 은근히 배신감도 올라옵니다. 그동안 애써준 것은 고맙지만 조용한 일상이 흔들리는 것은 싫습니다.

이런 감정에 머물면 남은 직원들에게도 냉소가 번집니다. 사장의 신뢰는 줄고, 식당은 모래성이 될 수 있습니다.

"이번 일에서 나는 무엇을 정비해야 하지?"

근로 조건, 소통 방식, 역할 분담 등 퇴사하는 직원에게 불편한 마음을 갖는 대신 직원 복지나 근무환경 같은 내부 시스템을 점검하는 것이 좋습니다. 미움은 모든 것을 무너뜨릴 수 있는 폭탄입니다.

어떤 날은 눈이 와서, 어떤 날은 매입이 늦어서 이런저런 이유로 납품이 지연되는 상황도 감정을 자극합니다. 필요한 물품이 제때 오지 않아 오픈 준비가 흔들립니다.

상대에게 화를 내고 고함을 치며 전화기를 거칠게 내려놓는 순간, 정작 다치는 건 '나'입니다. 그러나 감정을 없애고 고요히 대안을 찾는다면 식당은 다시 돌아갑니다.

미움이 가장 위험한 지점은 기억 속에서 꺼내 반복할 때입니다. 한 번의 불쾌한 사건을 마음속에 저장해 두고 계속 재생하면, 그 감정이 현재를 잠식합니다. 이미 지나간 말 한마디가 오늘의 표정을 굳게 만들고 다음 손님에게까지 영향을 줍니다.

아우렐리우스는 과거의 상처를 되새기며 자신을 소모하지 말라고 했습니다. 미움은 외부 사건이 아니라 내가 어떤 해석을 내리느냐로 나타납니다.

식당은 작은 사회입니다. 그 안에서 미움이 쌓이면 조직은 갈라집니다.

"저 사람은 늘 그래."

직원 사이에 낙인이 붙고, 협력은 사라집니다. 하지만 미움을 버리고 사실만 보면 대화가 가능해집니다.

"이 부분이 정말 어려웠어."

"다음에는 이런 방식으로 해 보자."

미움을 버리는 것은 약해서가 아닙니다. 감정을 통제할 힘이 있다는 증거입니다.

상대에게서 미움의 감정을 내려놓는다는 것은 상대의 행동이 정당해서가 아니라 다만 그 행동이 내 마음을 지배하지 못하게 하려는 선택입니다.

용서는 상대의 죄를 지워주는 행위가 아니라 내 영혼의 자유를 회복하는 선택입니다. 감정을 정화하면 판단은 맑아지고, 맑은 판단은 정확한 행동을 하게 만듭니다.

식당의 하루가 끝날 무렵, 피곤한 몸으로 집에 돌아갈 때까지 누군가에 대한 미운 말들이 머릿속을 맴돈다면 그날은 이미 두 번이나 에너지가 소모된 것입니다. 그 감정을 정리하고 흘려보내면 감정은 그 자리에서 끝나고 새로운 내일을 가볍게 맞을 수 있습니다.

"미움을 붙잡는 일은 결국 자신을 해치는 일이다."

도덕적 감정을 말하는 것이 아니라, 자기를 보호하는 원칙입니다. 식당에서 가장 중요한 자산은 평정입니다. 미움은 모든 것을 갉아먹습니다. 내려놓아야 마음은 고요해지고 다시 중심을 찾습니다.

아우렐리우스가 깨달은 상대를 미워하지 않기로 선택하는 것은 상대를 위한 배려가 아니라, 나를 위한 해방입니다. 미움 대신 이해를 선택할 때 영혼은 가벼워집니다. 그리고 가벼운 마음만이 먼 길을 오래 걸을 수 있습니다.

미움을 버리는 것은 절대 패배가 아닙니다. 가장 강한 선택입니다. 그 선택이 쌓이면 우리는 더 자유롭고 더 평온한 사람으로 살아갈 수 있습니다.

5부

실천으로 완성하는 철학

남의 덕

남의 덕을 기뻐하라. 그것이 곧 너의 덕이 된다.

-『명상록』 7장 28절 -

이 말은 공동체를 성장시키는 구조를 설명합니다. 마르쿠스 아우렐리우스는 타인의 장점을 시기하지 말고 기뻐하라고 권했습니다.

시기는 좁은 마음으로 관계를 갈라놓지만, 찬미는 넓은 마음으로 덕을 순환시킵니다. 덕은 경쟁으로 자라지 않고, 인정과 기쁨을 나누는 속에서 자랍니다.

식당의 하루에서 주방의 막내 직원이 새로운 소스를 제안합니다. 생각보다 완성도가 높습니다. 그 순간 주방장의 마음에 두 갈래의 길이 열립니다.

"저 녀석이 만든 건 별것 아니야. 내 소스가 진짜라고."라는 비교의 길.

"멋진데! 네가 이런 기막힌 소스를 만들다니. 대단해."라는 기쁨과 인정의 길.

전자를 택하면 막내는 위축되고, 다음 아이디어는 사라지지만 후자를 택하면 그는 더 연구하고 노력하여 조직에 활기를 불어넣습니다. 타인의 덕을 기뻐하는 선택은 한 사람의 성장을 넘어 조직의 창의성까지도 키웁니다.

홀에서도 같은 일이 일어납니다. 한 직원이 유독 손님과 소통을 잘합니다. 자연스러운 미소와 친절한 설명으로 많은 손님들의 재방문을 이끌어냅니다. 이를 보고 시기하면 마음은 작아지고 관계는 싸늘해집니다.

그러나 칭찬하고 그 방식을 널리 공유하게 하면 그 직원의 덕은 조직의 자산이 됩니다. 아우렐리우스가 말한 "남의 덕을 기뻐하라"라는 말은 바로 이런 공유를 통한 확장성을 뜻합니다. 덕을 나누면 나눌수록 커집니다.

다른 식당의 성공을 보며 마음이 흔들릴 때도 있습니다. 새로운 가게가 인기를 얻고 줄을 길게 서 있습니다. 그것을 보고 느끼는 시기는 자연스러운 감정입니다. 그러나 그 감정에 매몰되면 안 됩니다.

"왜 우리는 저렇게 못 하지?"

이런 비교는 자신과 모두를 깎아내립니다. 하지만 긍정적으로 다르게 생각해 볼 수 있습니다.

"그들이 잘하는 점은 무엇인가. 우리와 어떤 차이가 있나?"

서비스의 속도, 공간의 구성, 메뉴의 명확성 등 시기와 질투 대신 관찰과 존중을 택하면 배움의 기회가 열립니다. 타인의 덕을 인정하는 순간, 나도 기준도 선명해집니다.

누군가는 손이 빠르고, 누군가는 정확합니다. 누군가는 계산이 꼼꼼하고, 누군가는 분위기를 밝게 만듭니다. 서로 다른 장점을 비교의 잣대로 재면 갈등이 생깁니다.

그러나 그 장점을 있는 그대로 기뻐하면, 각자의 역할은 빛을 얻습니다. 그 빛은 서로를 비추고, 전체를 밝힙니다. 아우렐리우스는 인간이 서로에게 이익이 되도록 만들어졌다고 보았습니다. 남의 덕을 기뻐하는 태도는 본질에 따르는 선택입니다.

시기는 내 안의 가능성을 스스로 가두는 소모적 감정입니다. 타인의 성공을 보면 위축되면 내 안의 잠재력도 움츠러듭니다.

반대로 진심으로 축하할 때 마음은 여유를 얻습니다. 여유는 창의성과 배려를 낳고, 배려는 신뢰를 만들고, 신뢰는 다시 공동체를 단단하게 합니다. 이 순환 속에서 나 역시 크게 성장합니다.

아우렐리우스가 말한 덕은 거창한 영웅적 행동이 아닙니다. 일상의 작은 인정, 작은 기쁨, 작은 축복이 쌓여 형성됩니다. 남의 덕을 기뻐하는 일은 상대를 높이는 동시에, 나의 마음을 단련하는 일입니다. 비교 대신 존중을 선택하는 순간, 우리는 한 단계 성숙해집니다.

"남의 덕을 기뻐하는 순간, 나의 덕 또한 자라난다."

이 문장은 비유가 아니라 실제입니다. 식당의 하루 속에서 누군가의 장점을 발견하고 진심으로 기뻐할 때, 그 기쁨은 관계를 부드럽게 하고 나의 시야를 넓힙니다. 덕은 덕을 낳습니다. 시기는 나를 갉아먹지만, 축복은 나를 키웁니다.

선택은 단순합니다. 남의 빛을 보고 자신이 어두워질 것인가, 아니면 그 빛을 기뻐하며 함께 밝아질 것인가. 아우렐리우스는 후자를 택하라고 말합니다. 그 선택이 공동체를 살리고, 그 공동체가 다시 나를 살립니다.

식당이라는 작은 세계 안에서, 남의 덕을 기뻐하는 마음은 곧 나를 성장시키는 가장 조용하고 강한 힘입니다.

자연의 이행, 죽음

죽음은 파괴가 아니라 이행이다.
자연의 질서 속에서 삶은 다른 형태로 이어진다.

- 『명상록』 2장 17절 -

마지막을 바라보는 태도를 바로잡는 통찰입니다. 마르쿠스 아우렐리우스는 죽음을 단절이 아닌 자연의 질서 속 한 과정으로 이해했습니다.

봄이 여름으로, 낮이 밤으로 옮겨가듯 존재는 형태를 바꿀 뿐 사라지지 않는다고 보았습니다. 두려움은 끝이라는 해석에서 나오고, 평온은 순환이라는 이해에서 나옵니다.

식당의 하루를 들여다보면, 우리는 크고 작은 '끝'을 수없이 경험합니다. 그리고 그 끝은 늘 다른 시작을 준비합니다.

손님이 빠져나간 자리는 고요합니다. 그 고요는 비어 있음처럼 보이지만, 사실은 다음 날을 위한 휴식의 시간입니다. 남은 재료를 정리하고, 사용한 기물을 씻고, 테이블을 깨끗이 닦습니다. 영업이라는 생명이 끝났지만, 그 끝남은 새로운 내일을 준비하는 과정입니다. 만약 "오늘이 끝났다"는 허탈함에 머문다면 피로만 남을 뿐 아니라 희망의 내일은 오지 않습니다.

그러나 "오늘은 내일로 이행했다"고 이해하면 정리는 계속의 의미가 됩니다. 아우렐리우스가 말한 이행은 거창한 죽음의 철학이 아니라, 매일의 마감 속에서 드러나는 자연의 법칙입니다.

메뉴를 줄이는 것도 같은 맥락입니다. 오랫동안 사랑받던 메뉴를 내려야 하는 순간이 있습니다. 원가의 변화, 취향의 이동, 주방 동선의 재정비 때문일 수도 있습니다. 메뉴의 단종은 작은 죽음입니다. 애정이 담긴 음식이 사라질 때 아쉬움이 따릅니다.

그러나 자리가 비어야 새로운 메뉴가 들어올 수 있습니다. 공간은 한정되고 하나가 물러나야 다른 하나가 자리를 얻습니다. 죽음은 제거가 아니라 비움이고 자리 비움은 새로운 생명을 위한 조건입니다.

식당의 역사에서도 이행은 반복됩니다. 처음 가게를 열었을 때의 인테리어, 초창기 메뉴판, 초기의 운영 방식은 시간이 지나면서 사라집니다. 그것을 붙잡고 있으면 가게는 과거에 머물 수밖에 없습니다.

그러나 그것이 사라졌기에 지금의 모습이 있습니다. 과거의 방식은 없어졌지만 그 방식이 있었기에 그 경험으로 현재가 되었습니다. 형태는 사라졌지만 본질은 녹아들어 축적되었습니다. 이것이 아우렐리우스가 말한 귀환입니다. 죽음은 소멸이 아니라, 다른 형식으로의 변환입니다.

사람의 관계에서도 작은 죽음은 일어납니다. 오랫동안 함께 일하던 직원이 자신의 길을 찾아 떠납니다. 그 공백은 큽니다. 그러나 그 사람과 함께 쌓은 시간은 사라지지 않고 조직의 문화와 습관 속에 녹아듭니다.

떠남은 관계의 단절이 아니라, 기억과 추억으로의 전환입니다. 붙잡으려 하면 괴로움이 커지지만 자연의 이치로 이해하면 감사함이 남습니다.

식당에는 매일 음식이 사라집니다. 주방장의 화려한 손놀림 속에서 완성된 음식은 손님의 만족한 식탁 위에서 형태를 산화합니다.

그러나 그 사라짐은 파괴가 아닙니다. 그것은 누군가의 에너지가 되고, 누군가의 생명으로 이행합니다. 요리는 만들어지고, 소비되고, 사라지며 순환됩니다. 자연의 질서와 조금도 다르지 않습니다.

사람들은 끝을 두려워합니다. 그래서 죽음을 두려워합니다. 가게 매출의 하락, 관계의 쇠퇴, 신체의 노쇠, 피로감 등, 이 모든 것은 정지의 신호가 아니라 전환의 신호입니다. 죽음을 끝으로만 해석하면 두려움이 자랍니다. 그러나 그것을 이행으로 이해해야 합니다.

"다음은 무엇인가."

아우렐리우스는 죽음을 자연의 일부로 받아들이는 것이 지혜라 했습니다.

식당의 하루에서도 마찬가지입니다. 영업의 종료, 메뉴의 퇴장, 관계의 변화, 한 시대의 마감. 이 모든 것은 단절이 아니라 질서 속의 이동입니다. 끝이 있어서 우리는 다음을 준비할 수 있습니다.

"죽음은 파괴가 아니라 귀환이다."

이 말은 거대한 철학이면서 동시에 실천의 태도입니다. 오늘이 끝났다는 사실을 인정할 때, 내일은 더 선명해집니다. 낡은 방식을 끝낼 때, 새로운 방식이 숨을 쉽니다.

죽음을 거부하면 불안이 자랍니다. 그러나 그것을 순환으로 받아들이는 순간, 우리는 삶 전체를 더 깊이 이해하게 됩니다. 식당이라는 작은 세계 안에서도 매일의 끝은 새로운 시작을 준비합니다.

그렇게 생각하면, 우리는 두려움 대신 새로운 희망의 준비를 선택하게 됩니다. 그리고 준비하는 사람에게 죽음은 파괴가 아니라, 다음 질서로의 이행입니다.

오늘을 마지막 날처럼 살아라

오늘을 마지막처럼 살아라.

내일은 누구에게도 약속되지 않았다.

-『명상록』 7장 56절 -

마르쿠스 아우렐리우스가 『명상록』에 남긴 이 다짐은 죽음을 과장하기 위한 경고가 아닙니다. 오히려 시간을 낭비하지 말라는, 현재에 대한 집중의 요청입니다.

내일이 보장되지 않았다는 사실을 받아들이는 순간, 삶은 막연한 계획이 아니라 지금 손에 쥔 일로 수렴됩니다. 마지막이라는 의식은 우리를 위축시키지 않습니다. 오히려 불필요한 것을 덜어내고 본질을 선명하게 만듭니다.

식당의 하루는 언제나 반복처럼 보입니다. 그러나 하루도 같은 날은 없습니다. 오늘의 손님, 오늘의 공기, 오늘의 대화, 오늘의 음식은 다시 오지 않기 때문입니다. 만약 이 하루가 마지막 영업이라면, 우리는 어떻게 행동할까요.

아침 문을 여는 순간을 떠올려 보십시오. 평소에는 습관처럼 셔터를 올리지만, 마지막이라면 손잡이를 잡는 감각까지 또렷해질 것입니다. 바닥을 빗자루로 쓸 때 "대충"이 아니라 "정성"이라는 단어를 떠올릴 것입니다. 마지막이라는 생각은 태도를 바꿉니다.

아우렐리우스가 말한 '오늘을 마지막처럼'은 바로 이 태도를 말하고 있습니다. 반복되는 일상을 한 번뿐인 장면으로 소중하게 대하라는 뜻입니다.

점심시간, 주문이 몰려옵니다. 주방 프린터는 연실 오더를 프린트합니다. 평소라면 속도에 쫓겨 말이 거칠어질 수도 있습니다.

그러나 오늘이 마지막이라면 우리는 다르게 말할 것입니다. 인생의 마지막 날에 굳이 불필요한 신경질을 부릴 이유가 없습니다. 마지막이라는 생각은 감정을 정제합니다. 남길 수 있는 유산은 태도뿐이라는 사실을 알기 때문입니다.

식당에서 가장 자주 놓치는 것은 관계의 미세한 순간입니다. 오랜 단골이 문을 열고 들어옵니다. 늘 보던 얼굴이라 인사를 건너뛸 수도 있습니다.

그러나 오늘이 마지막이라면 우리는 그 얼굴을 조금 더 오래 바라볼 것입니다. "늘 와주셔서 감사합니다"라는 말도 미루지 않을 것입니다. 죽음을 의식하는 삶은 관계를 미룰 수 없습니다. 고마움을 유예할 수도 없습니다. 마지막을 생각하는 사람은 표현을 아끼지 않습니다.

마감 시간, 계산서를 정리하며 하루의 매출을 확인합니다. 마지막 날이라면 숫자보다 더 중요한 것이 떠오를 것입니다. 오늘 웃었던 미소, 누군가의 "맛있었습니다"라는 응원의 말, 동료와의 교감 눈빛. 마지막이라는 인식은 삶의 가치를 재정렬합니다.

돈은 필요하지만 목적이 아님을, 성취는 중요하지만 전부가 아님을 깨닫게 합니다. 아우렐리우스가 강조한 것은 바로 이 우선순위의 전환입니다. 죽음을 기억하는 사람은 욕망의 과잉에서 벗어납니다.

마지막 날이라면 우리는 일을 미루지 않을 것입니다. 불편한 대화도 오늘 안에 정리하려 할 것입니다. 사소한 오해도 그냥 넘기지 않을 것입니다. '언젠가'라는 단어는 사라집니다. 마지막이라는 자각은 시간을 압축합니다.

그리고 압축된 시간 속에서 우리는 더 선명해집니다. 쓸모없는 걱정은 힘을 잃고, 해야 할 일은 또렷해집니다.

식당은 늘 내일을 준비하는 공간입니다. 그러나 내일이 보장되지 않는다는 사실을 받아들이는 순간, 준비의 방식도 달라집니다. 준비는 불안을 줄이기 위한 보험이 아니라, 오늘을 완성하기 위한 태도가 됩니다. 마지막처럼 산다는 것은 내일을 포기하는 것이 아니라, 오늘에 최선을 다하는 것입니다.

"오늘이 마지막이라면…."

이 질문은 두려움을 주기보다 선택을 분명하게 합니다. 무엇을 남기고 싶은가. 어떤 표정으로 기억되고 싶은가. 어떤 말이 마지막이 되기를 바라는가. 이렇게 하루를 살면 평범한 하루도 심오해질 것입니다.

마지막을 생각하는 사람은 조급하지 않습니다. 더 가지려는 욕망 대신, 이미 가진 것을 감사히 사용합니다. 더 많은 손님을 욕심내기보다, 지금 앉아 있는 한 손님을 진심으로 대할 것입니다. 마지막이라는 의식은 과잉을 덜어내고 충실함을 남깁니다.

아우렐리우스는 내일을 약속받지 못한 인간의 조건을 받아들이라 했습니다. 그 받아들임 속에서 우리는 비로소 살아 있는 오늘을 발견합니다.

식당의 하루도 다르지 않습니다. 반복처럼 보이는 하루를 마지막처럼 대할 때, 우리는 태도를 바꾸고 말을 신중히 하며 행동을 단정히 합니다. 그리고 그 태도는 성실한 하루를 완성합니다.

내일이 오지 않아도 후회하지 않을 하루. 그 하루가 쌓이면 삶은 견고해지고 마지막을 두려워하지 않고 의식하는 삶은 더 생생합니다.

오늘을 마지막처럼 사는 사람은 결국 매일을 새롭게 맞이합니다. 그 태도가 쌓이면 하루는 단순한 반복이 아니라, 충실한 완성이 되고 그 완성이야말로 영원을 사는 가장 현실적인 방식입니다.

삶의 다른 이름, 죽음

죽음은 삶의 반대가 아니라, 삶의 다른 이름이다.

- 『명상록』 6장 28절 -

마르쿠스 아우렐리우스가 『명상록』에서 보여준 통찰은 단순합니다. 끝을 다른 모습으로 보라는 것, 소멸을 전환으로 이해하라는 것입니다.

삶과 죽음은 서로를 밀어내는 관계가 아니라, 같은 존재의 두 얼굴입니다. 한쪽이 있어야 다른 쪽이 드러납니다. 빛이 어둠을 필요로 하듯, 시작은 끝을 품고 있습니다.

식당은 매일 살아 움직입니다. 그러나 동시에 매일 무언가가 사라집니다. 신선했던 채소는 손질되어 형태를 잃고, 통째로 놓여 있던 큼직한 고기는 칼로 손질되어 다른 모습으로 바뀝니다.

겉모습은 파괴이지만 그 과정을 거치지 않으면 음식은 완성되지 않습니다. 재료의 '죽음'은 요리의 '탄생'입니다. 여기서 죽음은 완성에 이르는 과정입니다.

또 다른 장면을 떠올려 볼까요. 오늘은 오래 사용해서 낡고 망가진 조리도구를 교체하는 날입니다. 손에 익은 찌그러진 팬, 많은 음식을 끓였던 냄비, 이가 나간 접시 등 함께했던 소중한 기물들을 치워야 할 때, 묘한 허전함이 생깁니다.

하지만 낡은 도구가 물러나야 더 안전하고 효율적인 도구가 들어옵니다. 그 교체는 상실이 아니라 지속을 위한 선택입니다. 물건은 사라지지만 과거의 흔적은 사라지지 않습니다. 손에 남은 감각, 축적된 경험으로 남습니다. 이것이 아우렐리우스가 말한 '이행'의 구조입니다.

식당의 공간도 그렇습니다. 테이블 배치를 바꾸는 날을 생각해 보십시오. 익숙한 동선이 사라지고, 직원은 잠시 혼란을 겪습니다.

그러나 새로운 배치는 효율적 흐름을 만듭니다. 이전의 구조는 '죽었지만', 공간은 더 살아났습니다. 죽음은 정지가 아니라 시작입니다. 하나의 방식이 끝날 때, 다른 방식이 열립니다.

관계에서도 같은 일이 일어납니다. 한 손님이 오랜 단골이었다가 더 이상 오지 않게 되는 순간이 있습니다. 이사나 퇴사로 인해 떠나시며 그동안 고마웠다면서 커피 한 잔 주시는 손님도 있고 이유를 알 수 없을 때도 있습니다. 서운함이 남습니다.

그러나 그 자리는 또 다른 손님이 채웁니다. 그리고 이전 손님과 나눈 대화나 기억은 나를 조금 더 숙성시켜줍니다. 죽음이 삶의 반대가 아니라 삶의 다른 이름이라는 말은 이런 관계의 변화를 가리킵니다.

식당에서 가장 빠질 수 없는 장면은 '조리'입니다. 생선을 손질하고, 불 위에서 굽고, 노릇노릇하게 익으면서 모양과 색이 먹음직스럽게 바뀝니다. 그 과정에서 원래의 모습이 많이 변형되는 대신 맛있는 맛을 만나게 됩니다.

낮이 밤을 통해 활기차지듯, 멈춤은 움직임을 지탱합니다. 죽음은 삶을 더 역동적이고 진취적이게 하는 동력입니다. 아우렐리우스는 죽음을 두려움의 대상으로 보지 말라고 했습니다.

식당의 하루에서 손님이 식사하시는 한 접시가 비워질 때 또 다른 접시는 서빙되기 위해 채워집니다. 음식이 사라지지만 손님의 만족은 남습니다. 사라짐과 남음이 같이 존재합니다.

"문이 닫히는 순간 다른 문이 열린다."

우리는 이렇듯 매일 크고 작은 죽음들을 경험합니다. 계획의 죽음, 식재료의 죽음, 기대의 죽음 등. 그때마다 그 이전의 문은 닫힙니다. 그 끝이 있어야 다음이 가능하기에 끝과 시작은 마디와 같습니다.

죽음을 삶 속에 품는다는 것은 극적인 사건을 기다리는 게 아니라 오히려 매 순간의 변화를 자연스럽게 받아들이는 일입니다. 재료가 형태를 바꾸고, 공간이 재구성되고, 관계가 이동하는 모든 순간 속에서 우리는 순환을 봅니다.

그 순환을 이해하면, 우리는 상실에만 매달리지 않고 흐름을 봅니다. 결국, 죽음은 삶의 반대가 아니라 연속의 마디입니다.

식당의 하루가 보여주듯, 죽음은 전환이고 이동이며 마디입니다. 이 사실을 알 때 우리는 매 순간을 더 또렷하게 살 수 있습니다. 왜냐하면 모든 순간이 변하고, 그 변화가 삶의 본질임을 알기 때문입니다.

죽음을 삶의 일부로 받아들이는 사람은 오늘을 허투루 쓰지 않습니다. 끝을 알기에 순간이 미칠 듯이 소중합니다. 사라짐을 알기에 정성을 다합니다.

그렇게 삶과 죽음은 서로를 밀어내지 않고, 하나의 흐름으로 이어지고 그 흐름의 이해로 두려움은 조금씩 지혜로 바뀝니다.

덕은 내 안에서 시작된다

덕은 외부에서 오는 것이 아니다. 내 안의 양심에서 자란다.

- 『명상록』 6장 44절 -

황제로서 마르쿠스 아우렐리우스는 수많은 보고와 건의, 충고와 비판 속에 살았습니다. 그러나 그가 끝내 붙잡은 기준은 외부의 말이 아니라 자기 안의 양심이었습니다. 『명상록』을 읽다 보면 반복해서 드러나는 태도가 있습니다.

덕은 밖에서 주어지지 않는다. 내 안에서 길러진다. 칭찬이 덕을 만들어주지 않고, 비난이 덕을 빼앗지도 못합니다. 덕은 오직 선택의 순간, 유혹의 순간, 타협의 순간에 내가 무엇을 택하는가에 의해 자랍니다.

식당은 끊임없이 외부의 평가에 노출된 공간입니다. 손님의 한마디, 온라인의 평점, 주변 상인의 시선, 지인의 조언 등 매일 같이 수많은 목소리가 들려옵니다.

"요즘은 이런 스타일이 유행이에요."

"이 정도 가성비로 가격을 정해야 합니다."

"인테리어를 바꿔야 하지 않나요."

조언은 얼마든지 참고할 수 있습니다. 예를 들어 보겠습니다. 한 손님이 계산대에서 말합니다.

"요즘은 매운맛이 인기인데 더 자극적으로 하시면 어떨까요?"

실제로 매출이 잠시 주춤한 상황이라면 그 말에 마음이 흔들릴 수 있습니다. 그러나 내가 추구해 온 음식의 철학이 있다면 자신에게 질문해야 합니다.

"나는 무엇을 기준으로 이 가게를 운영하는가?"

유행을 따르는 선택이 단기적으로는 효과가 있을지 모릅니다. 그러나 양심이 동의하지 않는 방향이라면, 그것은 덕이 아니라 타협입니다. 덕은 박수 소리에 의해 결정되지 않습니다. 내가 옳다고 믿는 원칙을 지키는 순간에 자랍니다.

거래처에서 제안이 들어옵니다. 단가를 조금 낮출 수 있는 재료입니다. 겉으로는 차이가 크지 않아 보입니다. 손님은 알아차리지 못할 수도 있습니다. 원가 부담이 커진 상황이라면 유혹은 더 강해집니다. 그러나 덕은 바로 이런 경계선에서 시험받습니다.

"들키지 않을 것"과 "나는 알고 있다" 이 사이에서 무엇을 택하는지, 외부의 시선이 없을 때도 같은 선택을 할 수 있는지, 덕은 타인의 눈이 아니라 나의 인식에서 시작됩니다.

황제에게는 수많은 아첨이 따랐기에 아우렐리우스는 외부의 칭찬을 경계했습니다. 그는 스스로 묻습니다.

"나는 진정으로 정의롭게 행했는가?"

식당의 하루에서도 같은 질문이 필요합니다. 손님이 "정말 친절하시네요"라고 말해도, 내가 그 친절을 계산된 전략으로 사용했다면 그것은 덕이 아닙니다. 반대로 누군가 알아주지 않아도, 손님을 끝까지 존중했다면 그것은 덕입니다. 덕은 결과보다 동기에서 시작됩니다.

바쁜 시간대, 동료가 실수를 합니다. 주방에서 일어난 일이라 외부의 눈이 없습니다. 그를 몰아붙이면 순간의 분노는 해소될지 모릅니다.

그러나 나의 태도가 어떤 기준에서 나왔는지 살펴봐야 합니다. 조직을 살리려는 마음인지, 내 감정을 드러내는 충동인지. 덕은 여기서 구분됩니다.

누가 보지 않아도 공정하게 말하고, 실수를 바로잡아도 마음이 상하지 않게 하는 태도는 박수를 받기 위한 행동이 아니라, 스스로에게 부끄럽지 않기 위한 선택입니다.

식당 운영에서 가장 흔하고 아픈 순간은 비교입니다. 다른 가게가 더 화려한 마케팅을 펼치고, 더 많은 노출을 얻고, 더 빠르게 성장하는 것처럼 보일 때 마음은 요동칩니다.

"우리도 저 정도는 해야 하지 않을까?"

그러나 외부의 모습이 곧 나의 기준이 되는 순간, 덕은 사라집니다. 아우렐리우스가 강조한 것은 남의 방식이 아니라 나의 기준, 자기 자신의 본성에 맞는 삶이었습니다. 식당도 마찬가지입니다. 내가 지키고 싶은 가치, 정직한 재료, 꾸준한 맛, 과장 없는 설명, 친절 같은 것이 흔들리지 않는 덕입니다.

덕은 매일 반복되는 선택 속에서 조금씩 자랍니다. 손님이 불편을 제기했을 때 책임을 회피할 것인지, 아니면 나의 부족함을 인정하고 개선할 것인지. 매출이 좋지 않을 때 탓을 외부로 돌릴 것인지, 아니면 스스로 점검할 것인지. 양심은 조용히 신호를 보내고 그 신호를 따르는 것이 곧 덕입니다.

식당이라는 공간은 외부의 시선 속에 노출되어 있습니다. 그러나 진짜 시험은 시선이 사라진 후 시작됩니다. 혼자 있어도 내리는 정직한 선택이 쌓여 가게의 정체성을 만듭니다.

덕은 거창한 도덕적 선언이 아니라, 보이지 않는 자리에서도 정직한 일관성입니다.

아우렐리우스는 스스로를 단련하는 삶을 살았습니다. 황제이지만 그는 자기 안으로 돌아가 늘 질문했습니다.

"나는 지금 내 본성에 맞게 살고 있는가?"

식당 운영도 다르지 않습니다. 외부의 조언을 참고하되, 최종 판단은 내 양심이 내려야 합니다. 그 양심은 하루아침에 만들어지지 않습니다. 독서와 사유, 경험과 반성 속에서 자랍니다.

외부의 평가는 변합니다. 칭찬은 사라지고, 비난도 지나갑니다. 유행은 바뀌고, 시장은 움직입니다. 그러나 내 안의 기준이 분명하면 방향은 흔들리지 않습니다. 덕은 바람에 날리는 깃발이 아니라, 땅속에 박힌 뿌리입니다. 뿌리가 깊을수록 어떤 변화에도 흔들리지 않습니다.

질문은 단순합니다. 이 선택은 나의 양심에 부합하는가? 이 결정은 내가 옳다고 믿는 길인가? 타인의 박수가 사라져도 계속할 수 있는가? 덕은 이 질문에 대한 반복된 응답 속에서 자랍니다.

덕은 빌려올 수 없습니다. 다른 사람의 명성, 다른 가게의 성공, 다른 철학자의 말이 대신해 주지 않습니다. 참고는 가능하지만, 대신 살아줄 수는 없습니다. 덕은 나의 삶 속에서만 자랍니다.

식당을 운영하는 일은 나 자신을 운영하는 일과 같습니다. 내 안의 기준을 세우고, 그것을 지키는 반복 속에서 나는 단단해지며 외부의 소음이 커질수록 나는 더 깊이 내 안으로 들어가 확고해야 합니다.

양심, 거기서 묻고 거기서 결정하고 거기서 책임지는 것. 그렇게 할 때 덕은 남의 말이 아니라, 나의 양심에서 자라난 나의 힘이 됩니다.

변하지 않는 올바름

올바름은 변하지 않는다. 그것이 삶의 나침반이다.

- 『명상록』 4장 3절 -

세상의 기준은 늘 흔들립니다. 어제는 미덕이라 불리던 것이 오늘은 낡았다고 비웃음거리가 되고, 오늘의 유행은 내일이면 아무 일 없다는 듯 사라집니다.

시대의 잣대는 끊임없이 바뀝니다. 그러나 마르쿠스 아우렐리우스는 『명상록』에서 분명히 말합니다. 올바름은 변하지 않는다. 그것이 삶의 나침반이다.

올바름은 박수에 의해 정의되지 않고 다수가 동의한다고 해서 자동으로 옳아지는 것도 아닙니다. 올바름은 때로는 외로워 보이고, 손해처럼 보이며, 시대에 뒤처진 것처럼 보이지만 시간이 지나면 남는 것은 오직 선택입니다. 그리고 그 선택이 쌓여 한 사람의 인격을 만듭니다.

요즘은 '비주얼'이 중요하다고 합니다. SNS에 올라갈 사진 한 장이 매출을 좌우하기도 합니다. 그래서 일부 식당은 실제와 다른 과장된 연출을 합니다. 메뉴 사진은 크고 화려하지만 실제 제공되는 음식은 다소 소박합니다. 고객이 사진을 보고 기대를 키우면 이미 절반의 성공이라는 계산이 깔려 있습니다.

어느 날, 홍보를 맡은 사람이 제안합니다.
"조금 더 과장된 사진을 쓰면 좋겠습니다. 원래 홍보사진은 그렇게 합니다."
여기서 선택의 갈림길이 생깁니다. 첫 번째로, "다들 하니까 우리도 하자." 이 선택의 기준은 외부에 있습니다. 유행과 경쟁, 즉 세상의 기준입니다.
그러나 "사진과 실제가 다르면 그것은 정직하지 않다"는 기준은 내면에서 나옵니다. 아우렐리우스는 이런 순간에 묻습니다.

"이 선택은 나의 본성에 맞는가."

그는 권력과 정치적 계산이 난무하는 자리에서도 올바름을 기준으로 삼으려 했습니다. 다수가 그렇게 한다는 이유로 정의가 바뀌지는 않는다는 것을 알았기 때문입니다.

식당도 마찬가지입니다. 단기적으로는 과장된 연출이 효과를 낼 수 있지만 한 번의 실망은 신뢰를 깎아 먹습니다. 신뢰는 눈에 보이지 않지만, 가장 강한 자산입니다.

올바름은 때로 즉각적인 이익을 포기하게 하지만 대신 장기적인 평온과 일관성을 남깁니다. 올바름을 택한 식당은 홍보가 화려하지 않을 수 있습니다.

그러나 음식이 사진과 같고, 설명이 과장되지 않으며, 기대와 결과가 일치하면 이 일치는 고객의 마음에 작은 신뢰를 남깁니다. 그 신뢰가 쌓여 가게의 성격이 됩니다.

세상의 기준은 "보여지는 것"을 중시합니다. 그러나 올바름의 기준은 "실제"를 중시합니다. 보여짐은 변하지만, 실제는 내 안에 축적됩니다.

아우렐리우스는 외부의 평가가 아니라 내면의 기준을 붙들었습니다. 황제로서 그는 수많은 정치적 계산을 해야 했지만, 그 계산이 정의를 대신하도록 두지 않았습니다.

잘못을 인정하는 순간 권위가 약해질 수 있습니다. 그러나 정의는 일시적 체면보다 오래 간다는 것을 그는 알았습니다.

식당은 결정했습니다. 손님에게 정직하게 상황을 설명하고, 책임을 인정하며 충분히 사과하고, 재발 방지를 약속했습니다. 이 선택은 순간적으로는 불리해 보일 수 있습니다. 손해가 따를 수도 있습니다. 불필요한 잡음을 만들 수도 있습니다.

그러나 그 선택은 가게의 명확한 기준을 세웁니다. 올바름은 실수를 없애는 능력이 아니라, 실수를 대하는 태도에서 드러납니다. 세상의 기준은 체면과 속도를 요구하지만 올바름의 기준은 진실과 책임을 요구합니다.

오늘은 빠름이 미덕입니다. 내일은 자극이 미덕일지도 모릅니다. 어제는 저가 전략이 정답이었고, 오늘은 프리미엄 전략이 유행일 수 있습니다.

그러나 어떤 전략을 택하든, 그 중심에 올바름이 없다면 가게는 사상누각입니다. 나침반이 없다면 배는 파도에 떠밀리다 암초에 부딪힐 뿐입니다. 매출, 유행, 평판은 바람입니다. 올바름은 나침반입니다.

아우렐리우스가 말한 올바름은 거창한 이념이 아닙니다. 그는 매일 자신에게 묻습니다.

"나는 인간으로서 해야 할 일을 했는가."

그 질문은 단순하지만 흔들리지 않는 기준입니다.

식당의 하루도 마찬가지입니다. 손님이 없을 때도, 손님이 많을 때도, 평가가 좋을 때도, 악성 리뷰가 달릴 때도. 그 모든 상황 속에서 "이 선택은 옳은가"라는 질문을 던지는 것. 그것이 나침반입니다.

올바름은 때로 소수처럼 보입니다. 정직이 손해처럼 보이고, 진실이 외로워 보일 수 있습니다. 그러나 시간이 흐르면 남는 것은 숫자가 아니라 신뢰입니다.

세상이 요동칠수록 더 붙들어야 할 것은 이익이 아니라 올바름입니다. 왜냐하면 이익은 결과이고, 올바름은 방향이기 때문입니다.

인간이 인간답게 사는 길은 단 하나입니다. 외부의 기준이 아니라, 내면의 올바름을 따르는 것. 식당이라는 작은 세계 안에서도, 그 기준을 지키는 선택이 쌓이면 가게는 단순한 영업장이 아니라 하나의 태도가 됩니다.

실천에서 자라는 지혜

지혜는 실천에서 자란다. 행동 속에서만 완성된다.

- 『명상록』 9장 7절 -

마르쿠스 아우렐리우스는 철학을 책 속의 장식품으로 두지 않았습니다. 그는 황제였지만 동시에 훈련하는 인간이었습니다. 지혜를 행동 속에서 시험받는 태도로 보았습니다. 생각은 출발점이지만, 실천은 완성입니다. 머리로 이해한 덕은 아직 씨앗일 뿐이고, 몸으로 살아낸 덕만이 뿌리를 내립니다.

식당의 하루는 이 철학을 가장 현실적으로 드러내는 무대입니다. 이곳에서는 이론이 오래 버티지 못합니다. 불은 뜨겁고,

시간은 촉박하며, 손님은 기다리지 않습니다. 지혜는 책장이 아니라 조리대 위에서, 계산대 앞에서, 바쁜 발걸음에서 자랍니다.

가게를 운영하다 보면 새로운 서비스 방식을 고민하게 됩니다. 손님의 기다림을 줄이기 위해 테이블 오더 시스템을 도입할지 말지 논의하는 상황을 생각해 보겠습니다. 관련 서적을 읽고, 다른 매장을 방문해 사례를 조사하고, 장단점을 정리합니다. 머릿속에는 명확한 분석이 쌓입니다. 그러나 실제 도입은 또 다른 문제입니다.

기계 오류, 사용이 익숙하지 않은 어르신 손님, 직원의 동선 혼란. 계획은 논리적으로 완벽해 보였지만, 현실은 예측과 다릅니다.

지혜는 실천에서 완성된다고. 계획을 머릿속에서만 굴리는 동안은 안전합니다. 그러나 아무것도 배우지 못합니다. 직접 도입해 보고, 불편을 겪고, 시행착오를 겪으며 비로소 알게 됩니다.

중요한 것은 성공 여부가 아닙니다. 실패를 통해 얻는 감각입니다. 어떤 시간대에 문제가 생기는지, 어떤 손님이 어려워하는지, 직원의 부담은 어디에서 오는지. 이 구체적 경험은 책에서 얻을 수 없습니다.

생각은 구조를 만들어 주지만, 실천은 감당할 무게를 가르쳐 줍니다. 지혜는 바로 그 무게를 아는 데서 시작됩니다. 무게를 모르는 판단은 공허합니다. 직접 들고 나르며 느낀 움직임의 감각이 판단을 현실에 맞게 다듬습니다.

식당 운영자는 늘 직원과의 소통이 중요하다고 말합니다. 존중과 공감을 강조합니다. 관련 강연도 듣고, 책도 읽었습니다. 이론적으로는 누구보다 잘 알고 있습니다.

그러나 어느 날, 주방이 혼란에 빠집니다. 주문이 밀리고, 한 직원이 실수를 반복합니다. 긴장과 피로가 겹친 순간, 말이 거칠어집니다. 그제야 깨닫습니다.

"나는 존중을 말했지만, 실제로는 감정을 다루는 훈련이 부족했다."

이 순간이 바로 지혜가 자라는 때입니다. 이론은 이미 알고 있었습니다. 그러나 실천은 달랐습니다. 실수와 감정의 충돌을 겪으며 비로소 질문이 생깁니다.

"나는 어떤 상황에서 무너지는가?"

"어떻게 해야 내 원칙을 지킬 수 있는가?"

아우렐리우스가 전쟁과 정치 속에서 배운 것도 이와 다르지 않습니다. 그는 고요한 서재가 아니라, 갈등의 한복판에서 자신을 시험했습니다. 철학은 불편한 현실 속에서 단련됩니다.

고객 응대 매뉴얼을 외우는 것은 지식입니다. 감정이 요동치는 상황에서도 차분히 말하는 것은 지혜입니다. 지식은 문장으로 기억되지만, 지혜는 행동으로 새겨집니다.

지혜는 한 번의 깨달음으로 완성되지 않습니다. 작은 시도와 반복된 수정 속에서 조금씩 다듬어집니다. 메뉴를 개발할 때도 마찬가지입니다. 한 번의 테스트로 완벽해지지 않습니다. 간을 조정하고, 조리 시간을 바꾸고, 반응을 살피며 다듬습니다. 실패한 시도는 버려지는 것이 아니라 기준을 세우는 재료가 됩니다.

행동하지 않으면 우리는 영원히 "준비 중"입니다. 준비는 필요하지만, 실행 없는 준비는 지연일 뿐입니다. 아우렐리우스가 강조한 것은 바로 이 지점입니다. 생각에 머물지 말고 움직이라는 것. 완벽을 기다리다 보면 시간만 지나갑니다.

식당에서 새로운 시도를 하려면 두려움이 따릅니다. 손님이 싫어하면 어쩌지, 비용이 손해가 되면 어쩌지. 그러나 시도하지 않으면 아무것도 배우지 못합니다. 행동은 위험을 동반하지만, 그 위험 속에서 얻는 경험은 다음 판단을 더 정확하게 만듭니다.

아우렐리우스는 철학을 외우는 사람이 아니라, 철학을 살아내는 사람이었습니다. 식당을 운영하는 일도 마찬가지입니다.

경영 이론을 아는 것과 실제 현장에서 판단하는 것은 다릅니다.

숫자를 이해하는 것과 직접 매출을 책임지는 것은 다릅니다. 지혜는 이 두 세계가 만나는 지점에서 자랍니다. 머리의 이해가 손의 행동으로 이어질 때, 비로소 경험이 축적됩니다.

실천은 늘 완벽하지 않습니다. 오히려 흔들리고 넘어지며 배웁니다. 그러나 그 흔들림이 성장을 만듭니다. 행동하는 사람은 비틀거리며 나아가고, 멈춰 있는 사람은 안전하지만 그대로입니다. 지혜는 살아낸 흔적입니다. 식당의 하루는 끊임없이 우리에게 묻습니다.

"알고 있는 것을 실제로 행하고 있는가."

그 질문에 매일 응답하는 과정이 곧 지혜의 훈련입니다. 결국 지혜는 축적된 정보가 아니라, 몸으로 감당한 것들의 총합입니다. 그리고 그 선택들이 쌓일 때, 우리는 더 단단해집니다.

지혜는 책 속에 머물지 않습니다. 조리대 위에서, 손님의 눈앞에서, 동료와의 관계 속에서, 살아 움직이며 자랍니다.

성찰은 영혼의 빛이다

하루가 저물 때마다 나 자신을 돌아보라.
오늘의 행위가 내 영혼을 말해준다.

- 『명상록』 5장 31절 -

마르쿠스 아우렐리우스는 『명상록』을 세상에 보여주기 위해 쓴 것이 아닙니다. 그것은 타인을 설득하기 위한 글이 아니라, 자신을 잃지 않기 위한 기록이었습니다.

전쟁터의 천막 안에서도, 권력의 중심에서도 그는 하루를 돌아보았습니다. 오늘 내가 한 말은 옳았는가, 내 감정은 과했는가, 내가 선택한 태도는 나의 본성에 부합했는가. 그에게 성찰은 후회가 아니라 훈련이었습니다. 빛을 켜는 일이었습니다.

식당의 하루도 다르지 않습니다. 불이 꺼지고 손님이 돌아가고, 바닥을 정리한 뒤 찾아오는 고요한 시간은 단순한 휴식이 아니라 영혼을 점검할 기회가 될 수 있습니다.

성찰은 특별한 사건이 있을 때만 필요한 것이 아닙니다. 오히려 아무 일 없어 보이는 하루일수록 더 중요합니다.

하루 동안 수없이 많은 말을 합니다.

"잠시만 기다려 주세요."

"죄송합니다."

"지금 바로 준비해 드리겠습니다."

그러나 말의 내용보다 더 중요한 것은 말의 온도입니다.

어느 날 저녁, 마감 후 의자에 앉아 조용히 떠올려 봅니다. 오늘 나는 직원에게 어떤 말투로 이야기했는가. 급한 상황에서 무심코 던진 한마디가 누군가의 마음에 상처로 남지는 않았는가.

낮에는 그저 스쳐 지나간 장면이 밤이 되면 또렷해집니다. 한 직원이 조심스럽게 의견을 냈을 때, 나는 경청했는가 아니면 바쁘다는 이유로 말을 끊어버렸는가. 성찰은 바로 이 지점에서 시작됩니다.

아우렐리우스는 자신의 분노와 조급함을 숨기지 않고 오히려 글로 기록하며 다스렸습니다. 감정이 잘못이 아니라, 통제되지 않은 감정일 때가 문제임을 알았기 때문입니다.

식당도 같습니다. 실수보다 중요한 것은 그 실수를 대하는 태도입니다. 성찰을 통해 우리는 알아차립니다.

"나는 오늘 피곤함을 이유로 사람을 충분히 존중하지 못했다."

이 한 문장이 내일의 태도를 바꿉니다. 성찰 없는 하루는 그냥 지나가지만, 돌아본 하루는 다음 선택을 수정합니다. 말의 온도를 점검하는 습관이 쌓이면, 조직의 분위기도 달라집니다. 인격은 거창한 선언이 아니라, 이런 작은 수정에서 단단해집니다.

식당 운영에는 수많은 결정이 필요합니다. 메뉴를 유지할 것인가, 가격을 조정할 것인가, 인력을 늘릴 것인가. 결정은 하루에도 여러 번 내려집니다. 그 순간에는 타당해 보였지만, 저녁이 되면 다른 질문이 떠오릅니다.

"나는 왜 그런 결정을 했지?"

성찰은 결과를 따지는 시간이 아닙니다. 결정의 동기를 돌아보는 시간입니다.

특정 메뉴를 과감히 제외하기로 했다고 가정해 보겠습니다. 이유는 매출이 기여도가 낮아서였습니다. 그러나 밤에 다시 생각해 보고 깨닫습니다. 사실은 경쟁 가게의 신메뉴에 흔들려 불안한 마음에서 나온 선택이었다는 것을. 이 깨달음은 중요합니다. 왜냐하면 다음번에는 불안을 기준으로 판단하지 않을 것이기 때문입니다.

아우렐리우스가 매일 자신을 기록한 이유도 여기에 있습니다. 그는 세상의 혼란을 통제할 수 없었지만, 자신의 판단 과정은 점검할 수 있다고 믿었습니다.

식당도 날씨, 경제 상황, 손님의 취향 변화 등 외부 환경을 통제하는 건 불가능합니다. 그러나 내 결정의 기준은 점검할 수 있습니다. 성찰은 스스로에게 묻는 일입니다.

"오늘 나는 무엇을 두려워했는가."

"나는 무엇을 지키려 했는가."

이 질문들이 나의 판단을 점점 맑아지게 합니다.

성찰은 과거를 곱씹는 행위가 아닙니다. 현재를 분별해 미래를 설정하는 과정입니다. 빛이 있어야 길을 보듯이 성찰이 있어야 방향을 봅니다.

식당의 하루는 바쁘게 흘러가지만 멈추지 않으면 무엇을 반복하고 있는지도 모른 채 지나갑니다. 하루를 점검하지 않는 삶은 흘러가는 물과 같습니다. 어디로 가는지 모른 채 흐릅니다. 그러나 매일의 짧은 기록과 질문은 흐름을 붙잡습니다.

"오늘 나는 나답게 살았는가."

이 질문 하나면 충분합니다.

잘한 일을 떠올리는 것도 중요합니다. 어떤 상황에서 침착했는지, 어떤 선택이 옳았는지 돌아보는 일은 자신감을 키웁니다. 성찰은 채찍이 아니라 등불입니다. 자신을 꾸짖기 위한 시간이 아니라, 방향을 세우기 위한 시간입니다.

성찰은 거창할 필요가 없습니다. 마감 후 10분, 조용히 앉아 오늘의 한 장면을 떠올리는 것만으로도 충분합니다. 그 10분이 하루를 바꾸고, 하루가 쌓여 인격을 만듭니다.

아우렐리우스에게 기록은 자신을 붙드는 밧줄이었습니다. 식당을 운영하는 사람에게도 성찰은 같은 역할을 합니다. 혼란 속에서도 자신을 잃지 않게 하는 기준입니다.

하루를 돌아보지 않는 사람은 같은 실수를 반복합니다. 돌아보는 사람은 조금씩 달라집니다. 그 차이는 미세하지만, 시간이 지나면 분명해집니다.

성찰은 과거를 묶는 일이 아니라, 내일을 준비하는 일입니다.

저녁의 짧은 성찰이 하루를 밝히고, 그 하루가 모여 한 사람의 삶을 빛나게 합니다. 그리고 그 빛은 식당이라는 작은 공간에서도, 사람들의 말과 선택 속에서 조용히 드러납니다.

마음의 근육을 단련하라

고통은 영혼의 연금술이다. 시련은 너를 정화시킨다.

-『명상록』8장 36절 -

마르쿠스 아우렐리우스는 고통을 단순한 불행으로 보지 않았습니다. 그는 전쟁과 역병, 정치적 배신을 겪으면서도 이렇게 기록합니다.

고통은 영혼을 약하게 만드는 것이 아니라 연단하는 불이다. 쇠가 불 속에서 단단해지듯, 인간의 마음도 시련 속에서 모양을 갖춥니다. 피하고 싶은 순간이 바로 훈련의 순간이라는 통찰입니다.

식당의 하루 역시 작지 않은 시련으로 채워져 있습니다. 고통은 거창한 비극이 아니라, 반복되는 작은 압박 속에서 찾아옵니다. 그리고 바로 그 작은 압박이 마음의 근육을 만듭니다.

연휴가 이어진 주말입니다. 새벽부터 밤까지 거의 쉬지 못한 채 서서 일합니다. 손목은 아프고 허리는 뻐근하며 발바닥은 타는 듯합니다. 육체적 피로는 즉각적인 고통입니다. 그 순간 마음은 속삭입니다.

"피곤한데 대충 이 정도면 충분해."

그러나 그 선택의 순간이 바로 단련의 자리입니다. 대충과 성실 사이에서 우리는 매일 결정을 내립니다. 몸이 힘들어도 기준을 낮추지 않겠다는 다짐, 마지막까지 집중을 유지하겠다는 태도, 이 반복된 절제가 바로 영혼의 근육을 키웁니다.

아우렐리우스는 전쟁터에서도 자기 훈련을 멈추지 않았습니다. 그는 고통을 제거할 수 없다는 사실을 알았습니다. 대신 고통에 대한 태도를 선택했습니다.

식당의 하루는 피로했습니다. 그러나 그 피로를 핑계로 삼을지, 훈련의 기회로 삼을지는 선택입니다. 신기하게도 반복된 인내는 점점 고통의 크기를 줄입니다.

몸이 적응하는 것처럼 마음도 적응합니다. 고통은 순간적으로는 부담이지만, 장기적으로는 역량을 확장합니다.

어느 날, 예상치 못한 강한 항의가 들어옵니다. 나로서는 부당하게 느껴져 감정이 즉각적으로 반응합니다. 분노, 억울함, 방어. 바로 이 지점이 연금술의 시작입니다. 고통은 외부에서 왔지만, 그것을 다루는 방식은 내 안에서 결정됩니다. 아우렐리우스는 고통이 영혼을 부드럽게 한다고 말했습니다.

연금술이란, 거친 금속을 정제해 순도를 높이는 과정입니다. 감정도 마찬가지입니다. 즉각적으로 터뜨리면 순간 시원할지는 몰라도 후회를 남깁니다. 한 번의 절제는 작은 승리입니다. 두 번, 세 번 반복되면 그것은 습관이 됩니다.

식당에서는 감정을 숨기는 것이 아니라 다루는 법을 배워야 합니다. 숨기기만 하면 쌓이고, 터뜨리면 관계가 깨집니다. 차분히 사실을 확인하고, 필요한 만큼 설명하고, 필요한 만큼 사과하는 태도. 이 과정은 고통스럽습니다. 그러나 그 고통을 지나면 마음은 조금 더 단단해집니다.

처음에는 억울함에 잠을 설칠 수도 있습니다. 그러나 밤에 스스로 질문하자 감정은 서서히 가라앉습니다.

"나는 최선을 다했는가."

반복된 절제는 감정의 반응 속도를 늦추고, 판단의 깊이를 키웁니다. 고통은 외부의 자극이지만, 성장은 내부의 반응에서 시작됩니다.

식당을 운영하다 보면 크고 작은 압박이 이어집니다. 예상보다 저조한 매출, 인력 공백, 예기치 못한 변수. 이러한 상황을 불행으로만 해석하면 마음은 쉽게 무너집니다.

그러나 이를 단련의 과정으로 본다면 의미가 달라집니다. 근육은 저항이 있어야 자랍니다. 저항 없는 훈련은 성장으로 이어지지 않습니다. 작은 불편을 피하지 않고 감당하는 습관이 쌓일수록 내면은 강해집니다.

매일의 절제, 인내의 반복, 순간의 감정 조절 이 모든 것이 마음의 근육을 만듭니다. 아우렐리우스가 강조한 것은 한 번의 결단이 아니라 매일의 다짐이었습니다.

"나는 오늘도 나를 단련시킨다."

매일 반복되는 식당의 하루도 그 반복 속에서 고통을 만납니다. 그러나 그 고통이 곧 성장의 증표임을 이해하기에 시련은 다른 의미를 갖습니다.

식당의 하루는 끊임없는 시험입니다. 그 시험은 우리를 무너뜨리기 위한 것이 아니라 내면의 힘을 나타내기 위함입니다.

불 속에서 금속이 더 단단해지듯 시련을 통과한 마음은 더 깊어집니다. 그리고 그렇게 단련된 마음은 삶의 폭풍 속에서도 쉽게 흔들리지 않습니다. 그것이 아우렐리우스가 말한 흔들리지 않는 영혼의 힘입니다.

꾸준함의 힘

꾸준함은 재능을 이기고, 성실함은 운명을 바꾼다.

- 『명상록』 6장 30절 -

위대한 인간을 특별한 재능의 소유자로 그리지 않았던 마르쿠스 아우렐리우스는 오히려 매일 자신을 다스리고, 반복되는 의무를 성실히 수행하는 사람을 높이 평가했습니다.

번뜩이는 영감보다 더 중요한 것은 지속하는 태도라고 보았습니다. 재능은 출발선에선 빛날 수 있지만 끝까지 가는 힘은 꾸준함에서 나옵니다.

식당의 하루는 이 진리가 가장 선명하게 드러나는 공간입니다. 한 번의 이벤트가 아니라, 매일 반복되는 준비와 마감, 손질과 청소, 인사와 배웅이 가게의 성격을 만듭니다.

위대한 성취는 어느 날 갑자기 생기지 않습니다. 반복된 작은 행위들이 층층이 쌓여 만들어집니다. 국을 끓입니다. 처음 끓일 때는 큰 차이가 느껴지지 않을 수 있지만 매일 같은 시간에 불에 올리고, 염도를 미세하게 조정하고, 재료의 상태를 살피며 끓이는 과정이 쌓이면 어느 순간 국물의 깊이가 달라집니다.

끓는 소리의 미묘한 변화, 향이 올라오는 시점, 불의 세기 조절 등의 감각은 타고나는 것이 아니라 반복 속에서 축적됩니다. 한 번에 완성도 높은 결과가 아니라, 매일의 작은 조정이 모여 기막힌 맛을 만듭니다.

또한 가게 문을 여는 개점 시간도 마찬가지입니다. 비가 오나 눈이 오나, 특별한 날이 아니더라도 정해진 시간에 문을 여는 습관은 꾸준함의 신뢰를 만듭니다.

손님은 "이곳은 언제 가도 열려 있다"는 확신을 갖습니다. 신뢰는 하루아침에 생기지 않습니다. 반복된 성실이 쌓여 만들어집니다. 재능 있는 요리사가 가끔 한 번씩 멋진 음식을 만드는 것보다, 평범해 보이지만 매일 같은 수준의 맛을 유지하는 것이 더 강한 힘을 발휘합니다.

아우렐리우스는 하루의 끝에서 자신을 돌아보았습니다. 그 기록은 거대한 철학적 체계라기보다, 매일의 훈련 일지에 가까웠습니다. 그는 한 번의 결심이 아니라 매일의 절제를 통해 자신을 단련했습니다.

식당을 운영하는 일도 그렇습니다. "앞으로 더 친절해야지"라는 다짐은 누구나 할 수 있습니다. 그러나 바쁜 날에도 목소리를 낮추고, 피곤한 날에도 미소를 잃지 않는 반복이 쌓여야 비로소 태도가 몸에 배어듭니다. 꾸준함은 처음에는 의식적으로 노력해야 하지만 시간이 지나면 곧 성품이 됩니다.

사소해 보이는 청결 관리 역시 같습니다. 한 번 대청소를 한다고 해서 가게가 달라지지 않습니다. 매일 마감 후 기름때를 닦고, 손잡이를 소독하고, 환기를 반복하는 과정이 쌓여야 공간은 단단해집니다.

그 반복은 눈에 띄지 않습니다. 그러나 어느 날 손님은 "이 집은 항상 깨끗해"라는 인상을 심어줍니다. 그 인상은 하루아침에 생긴 것이 아니라, 수백 번의 반복이 만든 결과입니다.

꾸준함은 때로 지루하게 느껴집니다. 같은 작업, 같은 움직임, 같은 설명. 그러나 바로 그 반복이 감각을 정교하게 만듭니다. 재능은 순간의 속도를 높여주지만, 꾸준함은 방향을 유지하게 합니다. 방향이 일정해야 도달합니다. 한 번의 폭발적인 매출보다 더 중요한 것은 흔들리지 않는 운영입니다.

아우렐리우스는 인간의 힘을 장기적 시선에서 보았습니다. 오늘의 작은 선택이 내일의 인격을 만들고, 그 인격이 다시 더 나은 선택을 이끕니다.

식당에서도 하루의 꾸준함이 쌓여 결국 가게의 평판을 만듭니다. 평판은 진심과 일관성의 결과입니다. 손님은 화려한 광고보다도 "한결같다"는 안정감을 더 오래 기억합니다.

꾸준함은 자신과의 약속을 지키는 일입니다. 누가 보지 않아도 기준을 낮추지 않고, 손님이 적어도 준비를 소홀히 하지 않으며 힘들어도 기본을 생략하지 않는 것, 이 약속을 매일 지키는 과정이 곧 성실입니다. 성실은 운명을 바꾼다는 말은 과장이 아닙니다. 왜냐하면 반복된 선택이 결국 결과를 만들어내기 때문입니다.

식당을 오래 운영하다 보면 재능 있는 사람을 많이 만나게 됩니다. 손이 빠르고 감각이 뛰어난 사람도 있습니다. 그러나 오래 남는 사람은 꾸준한 사람입니다.

위대한 성취는 갑작스러운 성공이 아닙니다. 매일의 반복 속에서 다져진 결과입니다. 재능은 시작을 돕지만 꾸준함은 끝까지 가게 합니다.

아우렐리우스가 보았던 힘은 바로 이 지속성입니다. 하루의 성실이 모여 한 사람의 성품이 되고 그 성품이 다시 그의 삶을 이끕니다.

조급함은 꾸준함의 적입니다. 결과가 빨리 나오지 않는다고 방향을 바꾸면, 깊이는 쌓이지 않습니다. 식당의 맛도, 공간의 분위기도, 관계의 신뢰도 시간의 축적이 필요합니다. 작은 실천을 멈추지 않는 것이 가장 강한 전략입니다.

오늘의 한 걸음이 미미해 보여도 괜찮습니다. 제시간에 문을 여는 것, 정성껏 재료를 손질하는 것, 친절한 인사를 반복하는 이 평범한 행위들이 쌓여 어느 날 "위대한 가게"라는 평가를 받습니다. 그 위대함은 성실이 만든 결과입니다. 결국 진짜 강함은 눈에 띄는 번뜩임이 아니라, 멈추지 않는 반복입니다.

꾸준함은 소리 없이 쌓여 어느 순간 누구도 무시할 수 없는 힘이 됩니다. 그리고 그 힘은 운명처럼 보이는 결과를 만들어 냅니다.

에필로그

주방의 불 앞에서, 새벽 시장 골목에서, 계산대 앞에서 흔들리던 한 사람의 마음을 다시 세우기 위해 시작되었습니다. 마르쿠스 아우렐리우스는 거대한 제국을 다스렸고, 저는 작은 밥집을 경영합니다.

그는 전쟁과 역병을 견뎠고, 저는 매출의 기복과 사람의 갈등을 견딥니다. 시간을 건너뛰어 만난 마르쿠스 아우렐리우스와 저는 전혀 다른 삶처럼 보이지만 한 가지는 같습니다.

흔들리는 세상 속에서 흔들리지 않는 마음을 세우려는 노력, 중심을 잃지 않으려는 마음입니다.

『명상록』은 황제의 일기라기 보다 한 인간의 훈련 기록이었습니다. 그는 완벽했기 때문에 위대한 것이 아니라, 매일 자신을 다잡았기 때문에 위대했습니다. 분노를 돌아보고, 욕망을 점검하고, 죽음을 묵상하며, 현재를 붙들었습니다.

식당의 하루 속에서 우리는 수없는 시험을 받습니다. 남의 말에 흔들리고, 비교에 흔들리고, 인정에 흔들리고, 불안에 흔들립니다. 그때마다 질문해야 합니다.

"나는 지금 무엇을 붙들고 있는가?"

"나는 무엇을 두려워하는가?"

"나는 어떤 사람으로 남고 싶은가?"

철학은 말이 아니라 태도입니다. 주방의 위생을 지키는 정직, 직원을 대하는 절제, 손님을 향한 배려, 힘든 날에도 무너지지 않는 성실, 이 모든 것이 우리의 『명상록』입니다.

저는 거대한 제국을 통치하지는 않지만 손님의 식탁을 책임집니다. 저는 잔혹한 전쟁터에 서 있지는 않지만 전쟁 같은 삶의 한가운데에 서 있습니다.

그 자리에서 덕을 지키고, 올바름을 붙잡고, 현재를 충실히 살아내는 것이 우리가 할 수 있는 가장 위대한 철학입니다.

성공은 오르내리고 평판은 변합니다. 매출은 기복이 있지만 쌓은 덕과 태도는 남습니다. 내가 어떤 마음으로 하루를 살았는가는 사라지지 않고 축적되어 미래가 됩니다. 내일도 식당 문은 열릴 것이고, 불은 켜질 것이며, 또 다른 선택들이 우리를 기다릴 것입니다.

그 선택 앞에서 다시 묻습니다.

"나는 오늘, 어떤 마음인가?"

철학은 멀리 있지 않습니다. 지금 이 자리, 이 순간, 이 선택 속에 있습니다. 부디 당신의 하루가 단순한 노동이 아니라 사유가 되기를, 당신의 장사가 단순한 생계가 아니라 덕의 실천이 되기를, 당신의 삶이 한 권의 살아 있는 『명상록』이 되기를 바랍니다.

우리는 황제가 없는 사회제도에서 살지만 우리 모두는 스스로를 다스리는 황제입니다.

그것이면 충분합니다.

감사합니다.

황제 철학과 식당의 하루

초판 1쇄 발행 2026년 3월 5일

지은이 김주성
펴낸이 권지현
펴낸곳 이음과펼침
책임편집 이음과펼침 편집부

출판등록 2025년 7월 21일 제2025-000129호
주소 서울시 서초구 양재동 392-3, 202B
이메일 connectnbloom@gmail.com
원고투고 connectnbloom@gmail.com
홈페이지 www.connectnbloom.com

ISBN 979-11-24329-13-9(03190)